Es tut so gut
mit dir zu sprechen

Claudia Johanna Bauer / Thea Weis

Es tut so gut, mit dir zu sprechen

Begegnungen mit Sterbenden

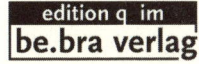

Malteser
...weil Nähe zählt.

Herausgegeben vom Malteser Hilfsdienst e.V., vertreten durch
Marie-Catherine Freifrau Heereman und Henric Maes.

Bibliografische Information der Deutschen Nationalbibliothek
Die Deutsche Nationalbibliothek verzeichnet diese Publikation
in der Deutschen Nationalbibliografie; detaillierte bibliografische
Daten sind im Internet über http://dnb.d-nb.de abrufbar.

Alle Rechte vorbehalten.
Dieses Werk, einschließlich aller seiner Teile, ist urheberrechtlich geschützt.
Jede Verwertung außerhalb der engen Grenzen des Urheberrechtsgesetzes ist
ohne Zustimmung des Verlages unzulässig und strafbar. Das gilt insbesondere für
Vervielfältigungen, Übersetzungen, Mikroverfilmungen, Verfilmungen
und die Einspeicherung und Verarbeitung auf DVDs, CD-ROMs, CDs, Videos,
in weiteren elektronischen Systemen sowie für Internet-Plattformen.

© edition q im be.bra verlag GmbH
Berlin-Brandenburg, 2014
KulturBrauerei Haus 2
Schönhauser Allee 37, 10435 Berlin
post@bebraverlag.de
Projektleitung: Kerstin Kurzke, Malteser Hospizdienst, Berlin
Lektorat: Marijke Topp, Berlin
Umschlaggestaltung: Ansichtssache, Berlin, unter Verwendung
eines Fotos von bit.it/Quelle: photocase
Satz: psb, Berlin
Schrift: DTL Albertina 9,9/13,8 pt
Druck und Bindung: GGP Media GmbH, Pößneck
ISBN 978-3-86124-685-5

www.bebraverlag.de

Inhalt

Eine Art Vorwort	7
Über den Hospizdienst	
oder: Wie dieses Buch entstanden ist	9
Rote Schuhe	13
Ihm hätte das so gut gefallen	15
Der Boxer	18
Abschied	22
Jugendliebe	27
Der Ausflug	30
Dann ziehen wir zusammen	32
Der letzte Tag	35
Die Trauerrede	37
Lukas	42
Hitzewelle	47
Sagen Sie nicht »Auf Wiedersehen«!	50
Löcher gehören gestopft	51
Meine Sozia	54
Entkapselt	62
Urnenparty	66
Der Duft des Flieders	70
Die magische Tür	72
Der Zitronenmann	75
Der Kaktus mit den Knöpfen	83
Liebe Regine	88
Ein Unbekannter namens Müller	89
Glücklich ist, wer vergisst …	92
Malzbier	95
Wenn Sterbende sprechen …	97

Finalphase	100
Die Englischlehrerin	103
Am Ende eine Oase	105
Praxisschock	108
Mama	112
Eine schwierige Patientin	115
Ich bin ja so glücklich!	118
Ein Teil der Familie	119
Auf Wiedersehen in Afrika	123
Der Unterschied	127
Spätes Glück	135
Frisch frisiert	138
Mutter und Sohn	140
Im stummen Zwiegespräch	142
Drei Monate für ein ganzes Leben	147
Nach Hause	149
Nachtwache Gedanken	153
Alles Hexerei	155
Der gemeinsame Donnerstag	157
Ein unermüdlicher Kämpfer	160
Mit einem Lächeln im Gesicht	162
Zurück ins Leben!	164
Tanetschka	167
Sechs Antworten auf die Frage: Warum engagiert man sich im Hospizdienst?	171
Dank	175
Die Autorinnen	176

Eine Art Vorwort

»Ich werde bald sterben – das weiß ich nun seit einigen Monaten. Ich bin ein Mann im besten Alter, noch nicht einmal 45 Jahre alt, habe Frau und drei Kinder.

Vor gut 18 Monaten wurde bei mir ein Hirntumor festgestellt. Zweimal konnte er entfernt werden, nun nicht mehr. Ich habe mich entschieden, in einem Hospiz zu sterben, und meine Familie begleitet mich dort. Zu Hause ging es nicht mehr.

Ich finde das alles beschissen – mir fällt kein anderes Wort ein, welches diese Situation besser beschreiben kann. Ich weiß, dass ich es nicht ändern kann, aber wir versuchen damit umzugehen.

Kurz nach der Diagnose kamen meine Familie und ich das erste Mal in Kontakt mit dem Hospizdienst der Malteser – genauer mit deren Kinderhospiz- und Familienbegleitdienst.

In den vielen Gesprächen, die wir alle – ich, meine Frau und die Kinder – dort mit den Aktiven über die Monate geführt haben, stießen wir vor allem auf eines: Verständnis. Verständnis für meine und unsere Sorgen, Verständnis für unsere Ängste, für Tränen, Wut und Verzweiflung.

Die großartigen Mitarbeiter des Malteser Hospizdienstes können mich nicht heilen – niemand kann das derzeit – aber sie sind für mich und vor allem für meine Familie da. Es ist ein Ort geworden, an dem wir Probleme und Fragen abladen können und Antworten bekommen. Antworten, die geprägt sind von Erfahrung, Fachkenntnis, Mitgefühl und Sorge um uns.

Ihre Begegnungen mit Menschen wie mir haben die Ehrenamtlichen hier aufgeschrieben. Und jede Geschichte ist so einzigartig, wie die Menschen, für die diese Geschichten stehen – so einzigartig, wie jeder Einzelne von uns ist.

Ich wünsche mir, dass durch das Lesen dieses Buches immer mehr Menschen ihre Angst vor dem Umgang mit dem Tod abbauen und sich diesem Thema nähern können.

Denn letztlich gehört der Tod zum Leben dazu.«

Dirk

Über den Hospizdienst
oder: Wie dieses Buch entstanden ist

Wir treffen uns zu dritt, um eine Einführung in dieses ungewöhnliche Buch zu finden: Kerstin Kurzke, Leiterin des Malteser Hospizdienstes in Berlin, Thea Weis, ehrenamtliche Hospizhelferin und Initiatorin des Projekts, und ich, die Autorin, die erst viel später dazukam. Die immer noch Staunende. Mir sollen die beiden nun erklären, wie der Hospizdienst funktioniert. Was bringt ganz normale Leute dazu, Sterbende auf ihrem letzten Weg zu begleiten? Was treibt sie, sich freiwillig und unentgeltlich einer Aufgabe zu widmen, vor der wohl jeder erstmal zurückschrecken würde?

Dass sie es tun, weckt Bewunderung in mir. Und Neugier.

»Das Besondere daran ist, dass da einfach ein Mensch zu einem Menschen kommt«, sagt Kerstin Kurzke. »Einer wie du und ich. Keine Ärztin, kein Pfleger oder Psychologe, sondern ein Ebenbürtiger. Jemand, der Zeit hat. Der zuhört. Der Wertschätzung gibt.« Während sie spricht, zeigen ihre Hände, was sie meint: ein behutsames sich Annähern, sich Umkreisen. »Daraus entwickelt sich eine ganz eigene Art von Beziehung. Jedes Mal anders, jedes Mal sehr speziell.«

Allein bei den Berliner Maltesern engagieren sich über 130 ehrenamtliche Hospizhelfer – Frauen und Männer im Alter von 22 bis 78 Jahren – durchschnittlich drei bis vier Stunden in der Woche. Thea Weis ist eine von ihnen. »Aber so eine Begleitung ist für mich keine Pflichtübung«, sagt sie, »ganz im Gegenteil, für mich ist das etwas sehr Wertvolles. Ich schöpfe daraus für mein eigenes Leben.« Sie sitzt sehr gerade, spricht leise, wirkt gelassen. »Da ist zum Beispiel die Frau, mit der ich immer durch den Plänterwald gehe, das würde ich sonst nie tun. Aber ich genieße es, mal ganz aus dem eigenen Stress auszusteigen.«

Natürlich ist es manchmal auch schwierig. Wie verhält man sich, wenn das Leid zu dicht heranrückt? »Oder wenn man sich zu sehr engagiert«, ergänzt Thea. »Dann verliert man den Abstand, wird zum Zugehörigen.«

Deshalb bekommen alle Ehrenamtlichen eine fundierte Ausbildung. »Da geht es um die Bedürfnisse von Menschen am Lebensende«, erklärt Kerstin Kurzke, und ich lerne: »Das hat schon auch mit Pflege und medizinischem Wissen zu tun – aber vor allem mit Kommunikation. Wie kann ich jemanden gut begleiten? Wie kann ich für ihn die zweite Geige spielen? Wie verhalte ich mich in schwierigen Situationen, so dass der andere sich nicht beeinflusst, überrumpelt, überfordert fühlt, sondern ernstgenommen in seiner Bedürftigkeit?«

Innerhalb der Ausbildung durchlaufen die Teilnehmenden auch ein Praktikum. »Es ist wichtig, sich dem Thema nicht nur theoretisch zu nähern, sondern praktisch zu erfahren, wie es sich anfühlt, jemandem beizustehen, der zunächst natürlich ein Fremder ist«, sagt Kerstin Kurzke.

Und was ist, wenn man tatsächlich mal nicht weiter weiß? Darum gibt es für alle Ehrenamtlichen die Supervision, bei der man sich aussprechen, Erfahrungen austauschen und andere Meinungen einholen kann. »Die Episoden, die dort erzählt werden, haben mich von Anfang an fasziniert«, erzählt Thea Weis. »Sie sind so spannend, so wichtig und wahr und teilweise auch kurios – so was darf nicht einfach vom Leben verschluckt werden! Das muss hinaus in die Welt! Das Thema Tod und Sterben wird aus unserer Gesellschaft ja immer noch ganz massiv ausgeklammert. Die Geschichten zeigen, wie wichtig hier eine Annäherung ist. Und sie zeigen auch, wie ausfüllend und schön diese Arbeit sein kann. Also habe ich überlegt, wie man sie festhalten könnte.«

Die Sammlung der Texte begann 2009. Alle Helfer und Mitarbeiter des Malteser Hospizdienstes waren aufgefordert, ihre persönlichen Erlebnisse und Erfahrungen beizusteuern. »Wir hatten aber gar keine Vorstellung davon, wie ein Außenstehender unsere Geschichten wahrnehmen würde«, berichtet Thea Weis. »Also brauchten wir jemanden, der ›von außen‹ an die Texte heranging.«

Das Weitere ist mir vertraut, denn hier kam ich ins Spiel. Als Autorin hatte ich bereits Erfahrungen mit ähnlichen Projekten. Die Hospiztexte berührten mich gleich beim ersten Lesen. Fast gleichzeitig ergab sich der Kontakt zu der Verlegerin Elisabeth Ruge, die zur Textgestaltung wichtige Impulse beisteuerte und den Kontakt zum be.bra verlag anbahnte. Hierfür sei ihr ganz herzlich gedankt.

Alle Geschichten dieser Sammlung beruhen auf wahren Erlebnissen – nur Namen, Orte und Erkennungsmerkmale wurden zum Schutz der Beteiligten verfremdet. Aber es bedarf ihrer auch nicht, um an das Tabuthema Sterben heranzutreten.

Nicht zuletzt braucht ein solches Projekt aber auch finanzielle Unterstützung. Wir danken daher von Herzen der Ingrid Daberkow Stiftung, ohne die dieses Buch nicht zustande gekommen wäre. Unsere Gedanken sind bei der Stifterin, die Mitte 2013 nach langer Krankheit verstorben ist.

Claudia Johanna Bauer
Berlin, August 2014

Rote Schuhe

Herzklopfen vor der ersten Begegnung.
Was erwarten wir voneinander?
Wir schauen uns gegenseitig in die Augen
und der Funke ist da.
Distanz und Nähe. Nähe und Distanz.
Da ist kein Eis, da ist nur Wärme.
Und alles läuft wie von selbst.
Wir unternehmen eine Weltreise.
Wir schwelgen in Erinnerungen.
Wir schauen gemeinsam über einen See
und sehen das Schwanenpaar mit sieben Jungen.
Wir atmen dieselbe Luft.
Wir betrachten die Birken im Wind.
Wir verfolgen das Fallen der Geranienblätter auf dem Balkon.
Wir schweigen.
Wir reden übers Sterben und haben keine Angst.
Wir reden über rote Tanzschuhe, die mit Liebe geputzt wurden,
und über die Leidenschaft des Tanzes.
Immer, wenn ich rote Schuhe sehe,
werde ich an Elisabeth denken.

Ihm hätte das so gut gefallen

Draußen vor dem Fenster saust Leon mit seiner roten Plastikschaufel Richtung Sandkiste. Hinter ihm jagt Fritz, der Familienterrier, über den Rasen. Annika sitzt auf der Schaukel, weiße Stöpsel in den Ohren, und nickt rhythmisch mit dem Kopf.

»Sie ist schon zwölf«, sagt Frau Sperling, »der Kleine erst vier.« Ihr Blick folgt dem Sohn, der seine Schaufel rücksichtslos in einen Geranienkübel stößt. Blütenblätter rieseln. Er pickt sie mit spitzen Fingern auf. »Was wäre denn für die Kinder besser?«, fragt Frau Sperling. »Eine Sarg- oder eine Urnenbestattung?«

Die Frage trifft mich ohne Vorwarnung. Neben mir sitzt Klaus Sperling, der Familienvater, in seinem Pflegebett. Der Krebs hat ihn schon deutlich gezeichnet, es geht um seine Beerdigung. Im ersten Moment weiß ich nicht, wie ich reagieren soll. Dann sehe ich ihn nicken. »Keine Sorge«, sagt er, »wir haben schon darüber gesprochen, es muss ja sein.« Auch seine Frau nickt. Meine Anspannung lässt nach. Wir reden über die verschiedenen Bestattungsformen, wägen Vor- und Nachteile ab. Draußen zieht Leon mit den Blütenblättern unter seinem Zeigefinger rote Linien auf den Terrassenboden, bis ein fünfbeiniges Tier entstanden ist.

»Er malt gern«, sagt Herr Sperling.

»Genau wie du«, sagt seine Frau. So kommt unser Gespräch erstmals auf die Möglichkeit einer Sargbemalung. Es gibt so viele Varianten, Abschied zu nehmen. So viele Möglichkeiten, sich gemeinsam zu erinnern und Erinnerungen zu bewahren.

Ein paar Wochen später ruft Frau Sperling mich an.

»Also, wir würden das gerne machen«, sagt sie, und ihre Stimme klingt matt, aber gefasst. »Mein Mann ist heute gestorben. Wir würden gern seinen Sarg bemalen.«

Ich weiß, dass sie ihre Entscheidung sorgfältig abgewogen hat.

»Sie möchten das ... selber tun?«, frage ich vorsichtig.

»Ja, ich glaube, das wird uns helfen«, sagt sie.

Und nach einer Pause: »Ich hoffe, dass es uns hilft.«

Also rufe ich Antje an. Sie ist Künstlerin, Sargmalerin, ehrenamtliche Mitarbeiterin des Hospizdienstes. »Könntest du dir das vorstellen«, frage ich, »den Sarg mit den Hinterbliebenen gemeinsam zu bemalen? Sie dabei anzuleiten? Zu begleiten? Hast du damit Erfahrungen?«

Am anderen Ende der Leitung höre ich Antje einatmen.

»Nein«, gesteht sie, »keine Erfahrungen.« Aber es klingt nicht ablehnend, nur nachdenklich. Ich kenne ihre Arbeiten gut. Särge und Urnen hat sie schon viele bemalt, aber nicht mit den Hinterbliebenen zusammen. »Wie läuft das denn normalerweise?«

»Wir reden vorher darüber«, erklärt sie, »und suchen ein Motiv aus. Manche Auftraggeber schicken mir eine Fotovorlage.«

»Aber würdest du auch zusammen mit der Mutter und den beiden Kindern ...?«

»Ja, schon«, sagt Antje. »Warum nicht?! Ich wüsste nicht, was dagegen spräche.« Offenbar hat sie sich inzwischen mit ihren Bedenken auseinandergesetzt. »Haben sie sich denn schon einen Sarg ausgesucht?«

Mir fällt ein Stein vom Herzen.

»Entschieden hab' ich ganz spontan«, erzählt Antje mir später. »Aber nach unserem Telefonat gingen mir plötzlich tausend Fragen durch den Kopf ...« Wie soll sie die gemeinsame Malerei gestalten? Was lässt sich vorbereiten? Kann man so etwas überhaupt planen? Wie soll sie mit der Trauer der Familie umgehen? Kann sie das aushalten? Wie werden die Kinder beim Anblick des Sarges reagieren? Und in welcher Gemütsverfassung werden sie alle sein? »Ich bin richtig aufgeregt«, gesteht sie, »und sehr gespannt, wie's laufen wird!

Wir haben schon einen Termin verabredet. Morgen wird der Sarg geliefert, und dann kommen sie alle zu mir ins Gartenatelier. Du doch auch, oder …?«

Ja. Und auch ich bin sehr gespannt.

Auf dem Rasen liegt Fritz, der Terrier, hat alle Viere weit von sich gestreckt, und hechelt. Es ist heiß heute. Der Sarg steht aufgebockt an einem schattigen Plätzchen im Garten. Im Regal reihen sich Farbtöpfe und Werkzeuge. Wir sitzen am Tisch und planen die Gestaltung.

Leon hat mit seinen vier Jahren natürlich noch keine Ahnung, was eine Skizze ist. Aber er weiß, was er malen will: »Einen großen Regenbogen!« Auch einen enorm großen Pinsel hat er sich schon ausgesucht. Nun kann er kaum erwarten, dass es mit der Malerei endlich losgeht.

Annika hat sich überlegt, dass sie das Kopf- und Fußende mit Blumen bemalen möchte. »Kannst du mir dabei helfen?«, fragt sie Antje und zupft ihr T-Shirt zurecht. »Ich trau mich nicht so richtig …«

Antje nickt. »Klar. Dafür bin ich ja da.«

Die Mutter möchte ein Ferienmotiv aus dem letzten gemeinsamen Urlaub malen. Dazu passt auch die Schwedenfahne, die auf den Deckel soll. An der können später alle gemeinsam arbeiten. Der Plan ist skizziert, jetzt geht es los.

Leon taucht seinen enormen Pinsel in die Farbe und kleckert munter drauf los. Es dauert nicht lange und er hat Spuren sämtlicher Regenbogenfarben im Gesicht. Später stößt noch eine Freundin der Familie dazu und setzt mit zarten Strichen einen Kolibri auf den Regenbogen.

Antje mischt Farben, druckt Vorlagen aus dem Internet aus, malt die Motive vor, hilft Annika bei ihrer Sonnenblume.

Und ich? Ich schaue zu und staune.

Da sitzen wir nun alle zusammen um den Sarg. Die Stimmung ist ruhig, fast entspannt. Ich habe das Gefühl, als geschehe hier das Normalste der Welt: Die Familie malt gemeinsam ein Bild für den verstorbenen Vater – nur eben nicht auf Papier. Wer eine Pause braucht, legt sich ins Gras. Die Kinder toben zwischendurch auf dem Spielplatz.

Mittags bringt der Lieferservice thailändisches Essen.

Danach ist die Sonne gewandert und es muss ein neuer Schattenplatz für den Sarg gesucht werden. Alle fassen mit an. Oft gibt es etwas zu lachen. Und es wird viel über den Verstorbenen gesprochen.

»Ihm hätte das so gut gefallen«, sagt Frau Sperling, die ganz konzentriert an ihrem schwedischen Ferienhäuschen malt.

Zum Schluss taucht jedes Familienmitglied seine Hände in die Farbe und drückt sie auf den Sarg. Sogar Fritz, der Terrier, bekommt Farbpfoten und viel Beifall, als er damit über den Sargdeckel läuft. Das Gemälde zum Abschied ist fertig.

Was für ein Tag, denke ich, als die Sonne hinter den Bäumen verschwindet. So friedlich und schön.

Der Boxer

»Na, denn komme mal rin in die jute Stube. Ick bin nämlich nich' nur schwach uff de Brust, sondern ooch uff de Beene.« Rainer Grothe zwinkert vergnügt. Er mustert mich – und nickt anerkennend.

Oha! Der hat's ja faustdick hinter den Ohren, denke ich sofort. Mit sechsundsiebzig. Nach zwei Chemotherapien wegen Lungenkrebs. Je öller, je döller. Aber ich mag sein Grinsen, seine vorwitzige Art. Kein Wunder, dass so einer von sich aus den Kontakt zum Hospizdienst gesucht hat. Als passionierter Selbstdarsteller braucht er sein Publikum.

»Ick war mal Boxer«, erzählt er mir, »im selben Verein wie Bubi Scholz, daher meine eindrucksvolle Erscheinung.« Er klopft sich an die Brust. »Fliegenjewicht.«

Ich muss lachen. Das gefällt ihm, und er wirft sich ins Zeug.

»Sehnse mal, da unten, det is mein bestet Stück.« Wir stehen vor dem Wohnzimmerfenster, er deutet hinunter auf die Straße. »Der tieferjelegte Blaue mit dem großen Adler auf der Motorhaube. Jefällt er Ihnen?«

»Das ist Ihr Auto? Nicht schlecht!«

Vor allem passt es hervorragend zu dem Jeansanzug, den der Ex-Boxer heute trägt – vermutlich eigens meinetwegen. Um jugendlicher zu wirken.

»Ja, so'n schönet Jefährt hat nich jeder.« Er nickt, zufrieden mit sich und der Welt. »Dazu 'ne schöne Frau – denn bin ick glücklich.«

Sein verschmitztes Lächeln sorgt dafür, dass ich ihm nicht böse sein kann, trotz der Machosprüche.

Als er beim Hospizdienst seine Begleitung anforderte, hat er sofort seine Bedingungen aufgezählt: Nur eine Frau durfte es sein, und keinesfalls älter als fünfzig! Das weiß ich – und finde es nicht schlimm. Schließlich bin ich nicht auf den Mund gefallen.

»Ick habe mich ooch mal bei 'ner Heiratsvermittlung beworben«, vertraut Rainer Grothe mir am späteren Nachmittag an. »Und wissense, wat die mir jeschickt haben? 'ne Siebzigjährige! Na, wat soll ick denn damit?!« Er streckt sich in Positur und streicht die Jeansjacke glatt. »Nee, nee. Die Frau hab' ick gleich wieder nach Hause jeschickt. Seh' ick etwa aus wie siebzig?!« Er beugt sich vor, und seine strahlend blauen Augen fixieren mich. »Nu sagense mal!«

Ich muss schon wieder lachen. »Sechzig hätte ich Ihnen gegeben, keinen Tag mehr.« Er sieht ja tatsächlich gut aus, ist schlank und hat trotz der Chemo inzwischen wieder volles Haar.

»Na, sehnse!« Er nickt zufrieden. »Det is der Boxer in mir. Der hält einen jung.«

Ich weiß inzwischen, dass er im Zweiten Weltkrieg in Gefangenschaft geriet und dass der Traum von der Boxerkarriere danach ausgeträumt war. In der neu gegründeten DDR hatte er anfangs im Fleischkombinat gearbeitet. Danach reparierte er Hunderte von Waschmaschinen, dreißig Jahre lang.

»Ick habe Jott und die Welt jekannt«, versichert er mir. »Ick hatte Verbindungen!« Ein bedeutsamer Blick, hochgezogene Brauen. »Et jab Zeiten, da hätt' ick Ihnen allet besorgen können!« Wieder dieses vertrauliche Zwinkern. »Und det ham die Hausfrauen in Anspruch jenommen. So'n Boxer, der is wendig!« Selbstbewusstes Nicken. »Ick kann Ihnen Jeschichten erzählen ...«

Und er erzählt. Immer charmant, witzig, unterhaltsam. Ich lausche fasziniert, wir lachen sehr viel. Die Zeit vergeht wie im Flug, jeden Dienstagnachmittag von eins bis sechs.

»Mensch, könnse denn nich' öfter kommen? Vielleicht zweimal die Woche?« Er hilft mir in den Mantel und legt ganz beiläufig den Arm um meine Schultern. »Wär' doch schön. Wir unterhalten uns doch so jut ...«

Ich drehe mich aus der Umarmung und greife meine Tasche. »Ach nein, das lassen wir doch mal lieber.«

Er schmunzelt. »Dacht' ick mir schon. Macht nüscht.«

»Bis nächsten Dienstag.« Ich nicke ihm zu.

Er hebt den Zeigefinger. »Aber wennse jetzt runterjeh'n, denn machense mal recht viel Krach! Dann denken die Nachbarn, Sie wären meine Freundin.«

Da muss ich schon wieder lachen. Aber ich tue ihm den Gefallen und lasse die Absätze klappern.

Ein anderes Mal fragt er mich plötzlich zwischen Tür und Angel: »Wat verdiense denn so bei dem Job?«

Ich bin schon ein paar Stufen tiefer, drehe mich noch einmal um. »Nichts«, sage ich und zucke die Achseln. »Das ist ehrenamtlich.«

Er steht oben auf dem Treppenabsatz und hat die Daumen lässig in die Hosentaschen eingehakt. »Na, Sie ham wohl beim lieben Jott wat jutzumachen?!«

»Wie man's nimmt«, sage ich. »Das Leben ist ein Kreislauf. Es gibt Zeiten, in denen man gibt, und andere, in denen man nimmt. So sehe ich das.«

Jetzt nickt er nachdenklich. »Damit kann ick leben.« Dann nach einer kurzen Pause: »Wenn ick Ihnen nu aber wat schenken möchte?«

»Sie könnten etwas für die Malteser spenden«, schlage ich vor.

»Na, aber da ham Sie doch nüscht von!«, protestiert er. »Und sonst? Ick kann ja nur bis zum nächsten Supermarkt loofen, und die Blumen, die's da jibt, die wollnse nich' haben! Die wer'n inner Plastiktüte verkooft.«

»Ich will gar nichts haben«, versuche ich ihn zu beruhigen. »Es macht mir Spaß, Sie zu besuchen. Ich tue das gern.«

»Na, det weeß ick doch!« Jetzt kehrt das selbstbewusste Grinsen zurück. »Meine Jesellschaft is' Jold wert! Aber trotzdem. Ick muss mir doch ooch mal revanchieren.«

Seitdem möchte er mir immer etwas Gutes tun. Einmal spendiert er mir einen Ausflug ins »Rübezahl«, einem Lokal am Müggelsee. Bis zu seinem »Jefährt« mit dem Adler auf der Haube gehen wir Arm in Arm. Er trägt seinen Jeansanzug und hält sich sehr gerade. Es ist kaum zu merken, dass ich ihn stützen muss.

»Ick werde doch nich' mit so'm Karren rumbollern, wenn ick mit 'ner kessen Biene unterwegs bin!« Gemeint ist sein Rollator, mit dem er sich keinesfalls auf der Straße zeigen will.

Danach kutschiert er mich, und mir ist ein bisschen mulmig zumute. Aber es geht alles gut. Wir haben einen vergnüglichen Nachmittag, sitzen zusammen unter dem Sonnenschirm, und er erzählt mir, wie er im Krankenhaus nach der Chemo bereits im Sterben lag. »Mensch, jing mir det schlecht! Aber denn kam diese Ärztin rein, 'ne junge, schöne Russin!« In seine Augen tritt ein Strahlen. »Frau Doktor, hab' ick jesagt, ick habe mich eben in Sie verliebt. Und sie sagt: Wernse erst mal wieder jesund.« Er schmunzelt. »Na, denn bin ick eben wieder jesund jeworden. Aber sie wollte leider trotzdem nüscht anfangen mit so'm ollen Boxer.« Er schüttelt den Kopf, seufzt.

Natürlich ist er nicht gesund, das wissen wir beide. Aber er klagt nie. Wenn ich ihn frage: »Na, wie geht's Ihnen denn?«, sagt er: »Wie soll's schon gehen? Ick bin jesund.« Jedes Mal.

Nur die Sache mit dem Revanchieren lässt ihm keine Ruhe.

An einem unserer Dienstage, als ich gerade gehen will, hält er mich am Arm fest. »Wartense mal, ick habe endlich een jutes Jeschenk für Sie jefunden.« Er langt ins Regal und überreicht mir ein sehr schmales Päckchen.

»Scheibenwischerblätter«, lese ich die Beschriftung vor.

»Jenau. Die passen bei Ihnen.« Er scheint sich seiner Sache sehr sicher zu sein. »Ick habe aus'm Fenster jeguckt und Sie ins Auto steigen sehen. Ick kenne Ihr'n Wagen. Die passen garantiert. Und es wird höchste Zeit, dass Se mal neue dran machen. Det janze Auto is' 'ne Katastrophe.« Da muss ich schon wieder lachen.

Bald darauf stirbt Rainer Grothe. Es ist jetzt schon einige Jahre her, und ich habe seitdem viele Menschen begleitet. Mein Auto habe ich inzwischen gewechselt. Aber immer, wenn es während der Fahrt regnet, lächle ich.

Abschied

Im Hausflur fällt mir sofort Martinas überquellender Briefkasten auf. Kein gutes Zeichen.

Auf meine Anrufe hat sie nicht reagiert. Während ich immer wieder ihre Nummer wählte, stellte ich mir ihr uraltes Telefon vor, versteckt hinter einem Schutzschild aus Pappe, wegen der Strahlung. Martina ist Anthroposophin. Ich habe mir ausgemalt, wie das Telefon in ihrem kargen Wohnzimmer schrillt und schrillt. Warum nimmt sie nicht ab? Ist ihr etwas zugestoßen? Oder hat das alte Ding nach all den Jahren schließlich seinen Geist aufgegeben?

Das ungute Gefühl verstärkt sich, als ich aus Martinas Briefkasten herausklaube, was ich zu fassen bekomme: Post, Zeitungen und Werbung von mindestens drei Tagen. Es ist so gar nicht ihre Art, sich nicht darum zu kümmern. Ich steige die Treppe hoch in den dritten Stock. Klingele einmal, zweimal, dreimal. Hinter der Wohnungstür rührt sich nichts. Dabei sind wir montags immer verabredet. Meine innere Unruhe wächst. Was soll ich tun? Vielleicht die Nachbarin fragen?

Schließlich rufe ich die Koordinatorin des Hospizdienstes an. Die setzt sich mit Martinas Tochter in Verbindung. »Frau Demski kommt mit dem Wohnungsschlüssel«, teilt sie mir fünf Minuten später mit.

Die Tochter also, Daniela. Martina nennt sie Dani. Ich bin ihr nie begegnet. Martina war immer allein, wenn ich sie besucht habe. Sie hat mir von ihrer Tochter erzählt, hat oft auf sie gewartet. Aber Dani ließ sich nur selten blicken. Es ist ein schwieriges Verhältnis zwischen den beiden.

Nun kommt sie, notgedrungen. Und bringt ihre Lebenspartnerin mit. Ich erkenne sofort, dass die eine gebraucht wird, damit die andere sich an ihr festhalten kann. Dani wirkt scheu, schmal, unauffällig, fast ein bisschen rehhaft. Ganz und gar unentschlossen steht sie vor mir, den Blick gesenkt. Offenbar traut sie sich nicht hinein in die Wohnung ihrer Mutter.

Also ergreife ich die Initiative, nehme ihr den Schlüssel aus der Hand und schiebe ihn ins Schloss. Ich bin ein zupackender Mensch. Danis Zaudern vor dem Ungewissen macht mich noch energischer. Nun hebt sie endlich den Blick, und ich entdecke so etwas wie Erleichterung darin.

In der Wohnung ist es sehr still. Das Geräusch meiner Schritte kommt mir laut vor, sogar das eigene Atmen höre ich überdeutlich.

»Martina?!«

Keine Antwort. Nur ein Hupen von der Straße.

Dann wieder Stille.

Die Küche menschenleer. Jedes Ding an seinem Platz. Es gibt ja sowieso nur das Nötigste, das ist Teil von Martinas Philosophie. Kaum Möbel, keinerlei Schnickschnack. Sie ist streng zu sich selbst und ebenso streng zu anderen. Gut möglich, dass es diese harte Haltung ist, die ihre weiche Tochter so abschreckt.

Auch das Badezimmer liegt verlassen. Im Waschbecken ein paar seifenverkrustete Strümpfe, die aussehen, als wären sie einmal nass gewesen.

Martina liegt im Wohnzimmer auf ihrer Matratze. Ein richtiges Bett fand sie immer überflüssig, die Matratze liegt auf dem Boden. Ihr Kopf ist über die Kante nach hinten gekippt, so dass die Haare fast die Dielen berühren. Die Augen sind weit geöffnet. Sie liegt da, als ob sie noch jemanden erwartet. Aber der Blick ist gebrochen. Ich weiß sofort, dass sie tot ist.

Dani verharrt im Türrahmen. Sie klammert sich an die Hand ihrer Freundin, den Blick auf die breite, hölzerne Türschwelle gerichtet. Dann wendet sie sich ab und zieht die Freundin mit sich in die Küche. Es kommt mir vor, als wolle sie ihre tote Mutter gar nicht sehen. Als habe sie immer noch Angst vor ihr, oder vielleicht jetzt erst recht.

Wir wählen den Notruf.

Von einem der Polizisten, die zusammen mit der Feuerwehr eintreffen, erfahren wir, dass es wohl schon zwei Tage her sein muss, seit Martina ihren letzten Atemzug getan hat. Dann wäre ihr Todestag der 29. Februar gewesen.

Dani sitzt auf dem einzigen Küchenstuhl. Ihr Zeigefinger zieht Schlangenlinien auf der Tischplatte. Hinter ihr steht die Freundin, beide Hände auf Danis schmalen Schultern.

»Karin Bender hat vor ein paar Tagen bei uns angerufen, eine Bekannte von Martina.« Die Freundin sieht mich an. Ich habe ihren Namen vergessen, das fällt mir jetzt erst auf. Aber ich nicke. Karin Bender ist mir ein Begriff. »Sie hat gesagt, dass Martina nicht ans Telefon geht. Dass es ihr vielleicht nicht gut geht. Ich hab's Dani gleich gesagt.«

»Aber ich wusste ja, dass Sie heute kommen«, ergänzt Dani schnell. Es klingt nach dem, was es ist: eine Entschuldigung. Sie hat sich nicht durchringen können, nach ihrer kranken Mutter zu sehen, wie schon so oft.

»Dani schaut mal zu Weihnachten vorbei, dann kochen wir was«, hat Martina irgendwann einmal zu mir gesagt. »Dabei arbeitet sie nur halbtags.« War das Verbitterung in ihrem Ton? Martina hat ihre Tochter antiautoritär erzogen, ihr jede nur erdenkliche Freiheit gelassen. Auch ein Teil ihrer Lebensphilosophie. Doch das hat Danis Selbstwertgefühl nicht gestärkt. Auf mich wirkt sie durch und durch ängstlich und labil – das genaue Gegenteil von Martina. Und von mir.

Die Polizei hat ihre Aufgaben erfüllt. Nun soll noch der Amtsarzt kommen, doch der lässt auf sich warten.

»Irgendwie war ich schon darauf eingestellt, dass es passieren würde«, setze ich noch einmal an. »Martina hat oft davon gesprochen. Und sie hatte mehrfach diesen Traum. Da wurde sie immer wieder gefragt, ob sie jetzt gehen möchte.«

Ich halte inne. Die nächste Frage steht im Raum, aber sie wird nicht gestellt. Danis Zeigefinger malt Schlangenlinien.

»Sie hat ja gesagt«, fahre ich fort. »Es war ihr Wunsch zu sterben.«

Die Hände auf der Tischplatte ballen sich zu Fäusten und entspannen sich wieder. Dani hebt den Kopf. »Meine Mutter war ein sehr eigenwilliger Mensch«, sagt sie leise.

»Das kann man wohl sagen.« Ich muss unwillkürlich schmunzeln. Schon ihre Kleidung war seltsam, die Sachen zum Teil an die dreißig Jahre alt. »Aber wenigstens frei von Giftstoffen«, meinte Martina dazu. Sie wusch sich mit Kernseife, aß vegetarisch und überhaupt sehr wenig. Nur drei Krümel durften in den Tee, und wenn ich zu viel Wasser aufgesetzt hatte, schimpfte sie mit mir. Der Umweltschutz war ihr wichtig. Atomkraft? Nein, danke! Sie hat in ihrem Leben viel demonstriert. Hat immer wieder versucht, etwas zu bewegen. Ursprünglich stammte sie aus Mönchengladbach. Wegen Dani war sie nach Berlin gekommen, in den 1970er Jahren, hatte als Bibliothekarin gearbeitet und später einen Bioladen aufgemacht. Sie wanderte gern. Las gern. Ihre ganze Wohnung war voller Bücher, auch wenn die Regale nur aus gestapelten Bananenkisten bestanden.

»Ich hatte meine liebe Not mit ihr«, sage ich in die Stille der Küche hinein. »Und hab mich oft gefragt, ob ich das noch länger mitmachen will.« Wenn sie mich wieder einmal rügte, weil meine Schuhe nicht am richtigen Platz standen. Weil ich den Balkonpflanzen zu viel Wasser gegeben hatte. Weil ich die Dinge falsch anfasste, nicht so, wie Martina sie angefasst hätte. Oder weil ich Kleider trug, die voller Umweltgifte steckten und deren Produktion dazu beigetragen hatte, die Menschen in der Dritten Welt zu unterdrücken und die Kinderarbeit zu fördern.

»Ja, das kenne ich«, bestätigt Dani. Sie dreht den Kopf, blickt zu ihrer Freundin auf. Die drückt ihr mit einem Lächeln die Schultern.

Diesmal lasse ich die Stille wachsen.

Andere vor mir haben wegen Martinas Schrulligkeiten die Betreuung aufgegeben. Mich hat sie irgendwann akzeptiert, und ich akzeptierte Martina. Wir mochten uns. In den zwei Jahren, die ich sie begleitet habe, lernte ich zu verstehen, warum sie es bevorzugte, spartanisch zu leben. Warum ihr der Karton lieber war als ein Schrank. Ihre Ansichten interessierten mich. Aus diesem Grund hatte ich sogar mal eine Veranstaltung besucht, bei der die Grundsätze der Anthroposophie erklärt wurden. Danach haben wir viel geredet. Ich fühlte mich durch Martina bereichert. Durch ihre Anschauungen zur Selbsterziehung. Durch ihre lebenslange Suche nach einer höheren Bewusstseinsebene, die ihr sehr wichtig war.

Der Amtsarzt lässt immer noch auf sich warten. Schon über eine Stunde. Die Lebenden sind wohl wichtiger als die Toten.

»Sie können ruhig nach Hause gehen«, sagt Martinas Tochter irgendwann zu mir. »Es gibt ja hier nichts mehr zu tun.«

Jugendliebe

Genau so habe ich mir einen Seemann immer vorgestellt. Julius Becker ist 64 Jahre alt, und man sieht ihm an, dass er ein bewegtes Leben hinter sich hat. Die silbergrauen Haare hängen ihm wirr ins Gesicht, die Brauen sind buschig, und die wettergegerbten Wangen heben sich deutlich vom weißen Kopfkissen ab, obwohl er sicher schon seit Tagen nicht mehr an die frische Luft gekommen ist.

Er öffnet nicht die Augen, als ich ins Zimmer trete. Aber ich höre ihn auch nicht atmen. Ob er tatsächlich schläft?

Immerhin bin ich bereits vorgewarnt. Er sei ein schwieriger Fall, der außer dem Pflegepersonal niemanden sehen wolle. Die Ärzte haben ihm beide Beine amputieren müssen. Seine Wut darüber, sich nicht mehr alleine fortbewegen zu können, vergiftet nun seinen Alltag. Er leidet unter starken Phantomschmerzen. Außerdem hat er Lungenkrebs und bekommt Morphiumpflaster.

Schon zwei meiner Hospizfreundinnen sind bei ihm gewesen, um ihm eine Begleitung anzubieten. Er hat beide strikt abgelehnt. Trotzdem beklagt er sich fortwährend, dass sich keiner um ihn kümmere und dass er die furchtbare Langeweile nicht aushalte, dieses ewige Warten.

Er hat keine Angehörigen, keine Freunde oder Bekannten, die ihn besuchen. Also haben wir beschlossen, einen letzten Versuch zu wagen. Und da stehe ich nun, etwas verschüchtert, in der Tür.

Er liegt im Bett und rührt sich nicht.

Ich nutze die Gelegenheit und lasse meinen Blick durch das Zimmer schweifen. Es ist unverkennbar, dass hier jemand wohnt, der das Meer liebt. Jemand, der viel von der Welt gesehen hat. Überall Fotos von Schiffen, von Seeleuten und Mitbringsel aus aller Herren Länder. Dieses Zimmer ist das Sammelsurium eines erfüllten Lebens.

Plötzlich ein Rascheln, ein leises Knacken. Mein Blick zuckt hinüber zum Bett. Ich sehe in zwei weit geöffnete, sehr blaue Augen, die mich anstarren, als wäre ich von einem anderen Stern. »Katharina?! Wo kommst du denn her?«

Seine Stimme ist brüchig vor Überraschung. Aber da ist auch der Anflug eines Lächelns in seinen Mundwinkeln, eine Spur von Freude in den Augen, die ich nicht enttäuschen will.

Also sage ich nicht meinen richtigen Namen, und ich sage auch nicht, dass es sich um ein Missverständnis handelt. Obwohl ich ahne, dass hier das Morphin seine Wirkung zeigt. Aber kommt es darauf jetzt wirklich an? Geht es hier nicht um etwas ganz anderes?

»Ich habe zufällig gehört, dass du jetzt hier bist«, sage ich und wende mich ihm zu. »Da bin ich natürlich vorbeigekommen. Ich wollte dich sehen.«

Sein Blick verengt sich, immer noch ungläubig.

Ich zähle die Sekunden. Dreiundzwanzig, vierundzwanzig.

»Katharina. Wie schön.« Er seufzt, und seine Miene entspannt sich. Einladend streckt er mir die Hand entgegen. »Setz dich doch.«

Das ist der Anfang einer ganz besonderen Begleitung, die ich niemals vergessen werde.

Zunächst frage ich mich noch, wen Julius wohl in mir erkannt haben mag. Wer ist diese Katharina, die seine vom Morphium getrübte Wahrnehmung ihm geschickt hat?

»Weißt du noch, damals in Hamburg, das kleine Café an der Ecke?«, beginnt er schmunzelnd. »Wo's ganz früh morgens immer schon so herrlich gerochen hat, nach frischem Kaffee und warmen Brötchen? Da haben wir uns kennengelernt, wir beide, weißt du noch?«

Ich nicke, als wäre ich dabei gewesen. Julius und Katharina, denke ich. Sie war seine Jugendliebe. Seine große Liebe?

»Später haben wir uns da oft getroffen«, erinnert er sich, »wenn ich von der Nachtschicht im Hafen kam. Ich konnt's kaum erwarten, deine strahlenden Augen zu sehen. Und hab' mich immer schon drauf gefreut, dir den Haarknoten aufzumachen, dir über die Haare zu streichen. Die waren so schön weich.« Ich sehe, wie seine Hand sich in Erinnerung an die Berührung öffnet und schließt. »Ach, und du warst ja auch so lütt, meine Kleene. Beim Tanzen konnte ich dich rumwirbeln wie'n Kind!« Er lacht. »Weißte noch, Katharina?«

Wieder nicke ich.

Wir sitzen stundenlang Hand in Hand, und er erzählt von seinen späteren Reisen. In Hamburg hat er angeheuert.

»Na, ich wollt' doch die Welt sehen!« Und in jedem Hafen hatte er ein Mädchen. »Aber keine hab' ich so geliebt wie dich, das kannst du man ruhig glauben. Weil's die Wahrheit ist.«

Im Laufe der Monate wird Julius immer schwächer. Das Sprechen strengt ihn jetzt so sehr an, dass es meist bei einem »Hallo, da bist du ja ...« und »Tschüß, ich liebe dich« bleibt. Dafür hören wir seine diversen Kassetten mit Seemannsliedern. Manche kenne ich sogar und singe sie mit.

Dann kommt die Faschingszeit. Im Seniorenheim, wo ich halbtags arbeite, soll ich für die Bewohner einen lustigen Nachmittag vorbereiten. Normalerweise mache ich das sehr gern und bin mit Feuereifer bei der Sache. Aber diesmal wollen meine Gedanken sich einfach nicht auf das bunte Treiben einstellen. Ich spüre, dass Julius bald seine letzte Reise antreten wird, und das macht mich traurig, so sehr ich ihm auch ein friedvolles Gehen wünsche.

Am Abend vor seinem Tod kann er nicht mehr sprechen. Beim Abschied bewegt er nur noch die Lippen. Aber ich verstehe seine Worte trotzdem. Mir rinnen die Tränen übers Gesicht.

»Ich liebe dich auch«, sage ich in Katharinas Namen – und bin traurig, dass sie es nie erfahren wird.

Der Ausflug

Als ich ankomme, sitzt Frau Salgert in ihrem Sessel am Fenster.

»Nun machen wir also tatsächlich unsere Kaffeefahrt«, sagt sie lächelnd, und ich sehe, dass ihre Wangen leicht gerötet sind. Vor Aufregung? Oder aus Vorfreude?

Sie kommt mir klein, fast zerbrechlich vor, wie sie da sitzt. Die wenigen weißen Haare sind zu einem dünnen Zopf zusammengebunden. Aber sie hält sich so gerade wie möglich, eine stolze Dame von dreiundneunzig Jahren, noch ganz vom »alten Schlag«. Sehr willensstark. Mit großem Gottvertrauen. Sie hat im Leben nicht viel Glück gehabt, das weiß ich. Und trotzdem hat sie immer versucht, anderen Menschen Gutes zu tun. Nun ist sie selbst auf Hilfe angewiesen.

Ich kenne Frau Salgert seit etwa einem Jahr. Mit ihr habe ich mein sechsmonatiges Praktikum während der Ausbildung zur Sterbebegleiterin absolviert. Dabei haben wir uns so sehr aneinander gewöhnt, dass ich mich auch später nicht von ihr habe trennen wollen. Ich besuche sie weiterhin jeden Freitag. Wenn das Wetter gut ist, machen wir gemeinsame Spaziergänge auf dem Gelände des Heims. Aber heute ist etwas anderes geplant. »Sie müssen doch auch mal raus hier, Frau Salgert, mal was Anderes sehen«, versuche ich sie seit Wochen schon zu überreden. »Ein bisschen Abwechslung vom Alltag.« Ich weiß, dass sie seit über zwei Jahren unfreiwillig im Altenheim lebt und möchte ihr eine Freude machen. »Sie mögen doch so gern Kaffee und Kuchen. Wir könnten zusammen ins Café gehen, ein leckeres Stückchen Sachertorte essen.«

Bei diesem Stichwort begannen ihre Augen zu leuchten. »Ja, ins Café, das wäre schön«, hat sie genickt. »Da war ich schon ewig nicht mehr.«

Nun helfe ich ihr in ihren schwarzen Mantel, sie bindet sich den Schal um, setzt die Mütze auf. Und los geht's.

Die größte Schwierigkeit besteht darin, dass Frau Salgert nicht mehr gut zu Fuß ist. Weil der Rollator sich in meinem kleinen Auto nicht verstauen lässt, geht sie heute stattdessen an Krücken. Doch bereits der kurze Weg zum Parkplatz fällt ihr schwer. Sie kommt nur sehr langsam voran, ihr Atem geht stoßweise.

Ich habe mich vorher noch erkundigt, wie man gebrechliche Menschen ins Auto hinein- und wieder hinausbringt, ohne größeren Schaden anzurichten: Der Betreffende lässt sich rückwärts auf dem Beifahrersitz nieder, dabei bleiben die Füße erst mal auf dem Gehsteig. Dann greift man unter die Knie und dreht die Person in Fahrtrichtung. Genau so machen wir es jetzt. Frau Salgert lässt tapfer alles mit sich geschehen. Zuletzt schnalle ich sie noch ordnungsgemäß an. »So. Fertig.«

Dicht neben meinem Ohr höre ich sie erschöpft ausatmen. Meine Aufregung legt sich langsam. Was soll jetzt noch schiefgehen?

Zehn Minuten später parken wir vor dem *Lindencafé*.

Nun also die gleiche Prozedur wie beim Einsteigen, nur eben genau umgekehrt. Mit geübtem Griff drehe ich Frau Salgert vorsichtig nach rechts und setze ihre Füße schon mal auf dem Gehsteig ab. Irgendetwas erscheint mir dabei anders, schwerer, irgendwie starr, aber ich lasse mich nicht beirren. Schließlich will ich meiner alten Dame Sicherheit geben. Sie ist ja in diesem Moment von mir abhängig.

Nun kommt der letzte Schritt. Ich greife ihr unter die Arme und will sie aufrichten. Doch der zarte Körper ist plötzlich schwer wie Blei. Er lässt sich kaum bewegen. Aufrichten schon gar nicht. Ich schnaufe vor Anstrengung. Aber was bleibt mir anderes übrig, als es noch einmal zu versuchen?! Wieder mit demselben Ergebnis.

Was ist denn bloß passiert? Wie kann man in zehn Minuten sein Körpergewicht so potenzieren? Verzweiflung steigt in mir hoch. Ich bin unfähig nachzudenken.

Das übernimmt jetzt Frau Salgert für mich. »Meinen Sie nicht, wir sollten erst mal den Haltegurt abmachen?«, fragt sie ganz freundlich. »Dann geht's bestimmt leichter.«

Dann ziehen wir zusammen

Elsa lebt allein. Schon seit vielen Jahren.

Elsa hat Demenz. Sagen jedenfalls die Ärzte. Deshalb komme ich zu ihr. Weil ich mich mit Demenz »auskenne«. Und Elsa hat sich Besuche am Wochenende gewünscht. Das passt gut in meine Zeitplanung.

Es handelt sich nicht um eine »gewöhnliche« Sterbebegleitung, Begleitung am nahe bevorstehenden Lebensende, auch wenn wir das ohnehin nie so genau wissen können. Was wir aber wissen: Demenz bedeutet für den Betroffenen vermutlich schon ein »Sterben« vor dem körperlichen Tod, lange vorher: Zunehmende Isolation von der Gesellschaft, den Nachbarn, oft sogar in der Familie, weil die gewohnte Art von Kontakten immer schwieriger wird; zunehmendes Angewiesensein auf Unterstützung bei alltäglichen Verrichtungen – oft als Bevormundung empfunden! –, zunehmender Verlust von Chancen zu alltäglichen und auch besonderen Gesprächen (Sprechen-Können und Gesprochenes-Verstehen-Können schwinden), zunehmender Verlust der bisher selbstverständlichen Kontrolle des eigenen Körpers.

Elsa redet nicht von Demenz. Sie weiß aber um ihr Problem. Ohne den Begriff auszusprechen – wird das Wort nicht genannt, wird das Übel dann gebannt?

Elsa leidet. Ich spüre das an ihrer aufsteigenden Wut, wenn ihr Wörter nicht zur Verfügung stehen. Wenn sie Tassen, Teller, Löffel, Kaffeepulver auf dem Küchentisch aufreiht, aber nicht mehr weiß, wie aus all dem zwei Tassen frischen Kaffees werden könnten.

Allerdings darf ich auch erleben, wie jemand wie Elsa gelegentlich solche Hürden zu bewältigen vermag: Nach dem zweiten oder dritten mühseligen Bemühen um Nachmittagskaffee legt sie ruhig und entschieden fest: »Heute machen Sie den Kaffee!«

Oho?! »Meinen Sie, dass ich das kann?«, frage ich zurück. Und demonstriere meine (ihre!) Unsicherheit: »Was brauchen wir eigentlich? Wo waren gleich nochmal die Tassen? Aha, da sind ja auch die Teller. Aber das Kaffeepulver – ach, Sie haben es ja schon auf den Tisch gestellt (!). Wie kommen wir jetzt zu heißem Wasser? Der Wassererhitzer – wo muss ich drücken?« Und Elsa kann sich als überlegene Herrin ihres Haushalts zeigen.

Eine andere Art von »Beförderung« erfahre ich bei weiterer Gelegenheit: Elsa wünschte Kontakt zu einer Freundin, hatte auch die Telefonnummer zur Hand, es verwirrte sie aber, als sich ein Anrufbeantworter meldete mit der vertrauten Stimme und trotzdem kein Gespräch möglich wurde. Sie bat mich, statt ihrer ihr Anliegen vorzutragen. Bei meinem folgenden Besuch wiederholte sich die Situation: »Würden Sie bitte nochmals dort anrufen?« Und klar und ohne Zögern die Entscheidung: »Sie sind jetzt meine Sekretärin.«

Elsa redet nicht von Demenz. Sie sagt gelegentlich: »Ich weiß nicht weiter«. Oder: »Ich fühle mich wie ein Kind« – so hilflos?! Anscheinend hält sie insgeheim gar Ausschau nach einer »Mutti« – ich komme dafür aber wohl nicht in Frage, denn ich begegne ihr eher als Schwester, Freundin (wir sind fast gleich alt), als Fragende wie sie selbst es ist und sehr bewusst nicht als Anleitende, Führende in ihrem unübersichtlicher werdenden Alltag. So ernte ich beispielsweise regelmäßig strafende Blicke, wenn ich erst das Auto starte und mich dann anschnalle – nachdem ich sie zuvor sorgsam und unter mahnenden Bemerkungen auf ihrem Sitz gesichert habe.

Jüngst musste Elsa einige Wochen in einer gerontopsychiatrischen Klinik verbringen. Untersuchungen, auch Überprüfen der Medikation standen an. Eine große seelische Belastung für eine Person wie Elsa: Sie begegnet dort ihren eigenen Verwirrtheiten, Ängsten, Unsicherheiten in Gestalt der verschiedensten anderen erkrankten älteren Menschen, unruhig geht mancher unablässig hin und her, andere fragen jeden nach Auskünften, die nicht gegeben werden können, irgendwo in einem der Zimmer hört man jemand laut schreien.

Das vertraute Zuhause scheint verloren. Aber gerade hier fand sie in einer anderen Patientin eine Person, von der sie mit Herzenswärme und unzerstörbarer Menschlichkeit »unter die Fittiche« genommen wurde. Das veranlasste sie zu der Mitteilung an mich, mit strahlendem Lächeln: »Das ist meine Mutti!«

Elsa spricht nicht von Demenz, aber sagt manchmal, der Arzt (welcher?) habe ihr gesagt, sie sei »kerngesund«, aber »da« – eine vage Bewegung in den Raum um sie herum, in die Zukunft? – könne man ihr nicht helfen. Oder sie sagt: »Wir« – die Betroffenen? – »gehen in einen dunklen Keller«. Ergebnis von Patientengesprächen in der Klinik? Wie klarsichtig doch psychisch-rational beeinträchtigte Menschen sein können!

Elsa macht sich Gedanken um ihre Zukunft. Was soll werden? Wie wird sie leben – müssen. Und wo.

Da blitzt plötzlich ein Lächeln auf. Schalkhaft, zugleich tiefernst erklärt sie: »Dann ziehen wir beide zusammen.«

Tja. Schöner Gedanke, liebe Elsa. Realistisch?

Elsa heißt natürlich nicht Elsa. Leider gibt es viele »Elsa« – oder »Oskar« – um uns herum. Mit wem, wie und wo, welchen vertrauten, sie respektierenden Menschen könnten sie »zusammenziehen«? Was denkt unsere so aufgeklärte, nach eigenem Selbstverständnis humanistisch geprägte Gesellschaft darüber, was bietet sie an?

Als ich jüngst mich verabschiede, beginnt ihr sehr schmaler Körper zu beben, über die blassen Wangen rollen Tränen.

Ach, Elsa.

Der letzte Tag

Was würde ich tun, wenn ich nur noch 24 Stunden zu leben hätte? Das ist schwer vorherzusagen. Es hängt von den Umständen ab, aus denen man abberufen wird.

Werde ich gesund oder krank sein? Ist die Ursache ein Unfall? Oder eine Gewalttat? Oder wird die ganze Welt enden? Werde ich das statistische Durchschnittsalter noch vor mir oder schon hinter mir haben? Werde ich noch im Besitz meiner Kräfte sein, der körperlichen wie der geistigen? Sind meine fünf Sinne noch in Ordnung? Sind meine Nächsten an meiner Seite, oder bin ich allein? Bin ich zu Hause oder in einem Heim? Wird alles geregelt sein? Gibt es jemanden, der meine Habe entsorgen wird? Liegt mein letztes Hemd schon bereit? Was hinterlasse ich der Welt? Werde ich noch einmal leben? Diese und viele andere Fragen gehen mir durch den Kopf, wenn ich an das Ende denke. Mit der Hospizarbeit drängt sich der Tod als Möglichkeit stärker ins Leben. Das Denken daran lähmt einen zunächst. Doch sobald man sich daran gewöhnt hat, wird das eigene Leben bewusster, fröhlicher, verantwortungsvoller.

Wenn ich wüsste, dass heute mein letzter Tag wäre, würde ich niemandem etwas davon sagen. Aber ich würde allen, denen ich noch etwas mitteilen möchte, einen Brief schreiben. Ich würde das, was unsere Beziehung ausgemacht hat, noch einmal Revue passieren lassen. Und ehrlich und respektvoll alles klären, was zwischen uns nicht ausgesprochen wurde. Dann bliebe ich zwar ungetröstet. Aber ich würde mir auch den Schmerz meiner Liebsten ersparen.

Ich würde meinen neu gestalteten Strohhut aufsetzen, mein Lieblingsbuch einpacken und an die Küste fahren. Dort nähme ich mir einen Strandkorb, stellte ihn mit Blick zum Meer und atmete so lange und tief die Salzluft, bis ich das Gefühl hätte, eins mit ihr zu sein. Dabei lauschte ich den Wellen, den Möwen und den Strandgängern und döste vor mich hin.

Ich ließe mir die Sonnenstrahlen auf der Nase herumtanzen, ganz ohne Sonnencreme, und kaufte mir beim Eismann ein Eis mit weißer Schokolade.

Vielleicht würde ich eine Sandburg bauen.

Mittags ginge ich in ein Lokal, um eine gemischte Fischplatte mit viel Räucherfisch zu verspeisen. Dann machte ich einen langen Spaziergang, die Küste entlang, begäbe mich anschließend wieder zu meinem Strandkorb und drehte ihn nach der Sonne hin, um im Wechsel zu lesen und zu ruhen.

Ich ließe meinen Blick über die Wellen streifen. Aus den Formen der Wolken würde ich mir Bilder denken und mich daran erfreuen. So bliebe ich bis zum Sonnenuntergang.

Erst danach würde ich meine Liebsten über meinen Ausflug informieren, ihnen ein Foto von der Villa senden, in der ich die nächsten Stunden verbringen wollte. Aber ich würde ihnen nicht mitteilen, dass dies meine letzte Station ist.

In der Villa nähme ich einen Schaukelstuhl mit hinaus auf die Terrasse. Ich zündete ein großes Windlicht mit Vanilleduft an, wickelte mich in eine warme Decke. So säße ich im Schaukelstuhl und schaute der Flamme beim Tanzen zu, bis uns beiden das Licht ausginge.

Die Trauerrede

Als das Handy klingelt, stehe ich im Stau. Ein Unfall auf der Bahnhofstraße, Vollsperrung, die Polizei ist gerade eingetroffen. Reichlich Zeit für einen Blick auf das Display. Die Nummer, die da steht, ist mir vertraut. »Hallo, Bernd.« Ich bin froh über die Ablenkung.

Am anderen Ende der Leitung höre ich jemanden atmen.

Dann eine weibliche Stimme: »Hier ist nicht Bernd. Hier ist Lisa, seine Tochter. Bernd ist gerade gestorben.«

»Oh …« Ich sinke in den Sitz zurück, suche in meinem Kopf nach einer passenden Antwort. Aber Lisa lässt mich gar nicht zu Wort kommen.

»Er hat zu mir gesagt: Wenn ich tot bin, dann ruf Andrea an. Die soll die Trauerrede für mich halten.« Die Sätze kommen schnell, fast gehetzt. »Würden Sie das für ihn tun? Ja? Bitte!« Der Wortschwall reißt so plötzlich ab, als wäre die Verbindung unterbrochen. Nun wächst die Stille und mit ihr die Spannung.

»Darüber haben wir nie gesprochen.« Es klingt ein bisschen hilflos, schließlich habe ich noch nie eine Trauerrede gehalten.

»Weiß ich ja. Hat er mir gesagt. Aber Sie könnten das bestimmt gut, meinte er. Würden Sie es tun? Bitte! Halten Sie bei der Beerdigung die Rede.«

Nun sitze ich am Schreibtisch mit einer Tasse Tee und einer schwierigen Aufgabe. Wie finde ich die richtigen Worte für Bernd Hardenbach? Vielleicht sollte ich lieber in die Kneipe gehen, ins *Toledo*, wo er in den letzten Monaten fast täglich war. Ich sollte mir ein Glas Wein bestellen, oder besser noch ein Bier. Oder mir ein Jazzkonzert anhören. Das würde zu Bernd passen, dem freakigen Alt-68er, dem schrägen Typen mit Hut und Zopf. Denn Bernd war garantiert kein Schreibtischtäter. Wenn es ihm einigermaßen gut ging, war er draußen, unermüdlich unterwegs. Auch später noch, als die Krankheit schon fortgeschritten war. Er ging zur Langen Nacht der Museen, zur Jazzwoche, zu diversen anderen Konzerten. Und anschließend ist er regelmäßig in irgendeiner Kreuzberger Kneipe versumpft, oft bis zum Morgengrauen. Er hat Leute getroffen und Kontakte geknüpft, getrunken, geraucht, philosophiert und Musik gehört. Er hat so weitergemacht wie immer, hat auch angesichts des Todes sein Leben gelebt. Dafür habe ich ihn bewundert.

Aber kann man so etwas in einer Trauerrede sagen? Klingt das nicht viel zu negativ, obwohl es doch die Wahrheit ist?

Bernd konnte richtig wütend werden, wenn ihm jemand dumm kam. Oder ihn nicht ernst nahm. Auch seinen Ärzten gegenüber. Die Pflegekräfte, die zu ihm nach Hause kamen, um ihm die Sondennahrung anzuschließen, mussten ihn oft suchen, weil er nicht in seiner Wohnung war. Solange er noch konnte, saß er tagsüber im Straßencafé, immer unter Menschen. Er war so etwas wie eine öffentliche Persönlichkeit, allseits bekannt, ein Urgestein. Das hört sich jetzt schon eher nach Trauerrede an, oder? Ich mache mir rasch ein paar Notizen. Danach ist das Blatt aber immer noch ziemlich leer.

Es stimmt schon, Bernd war allseits bekannt. Aber er war nicht allseits beliebt. Ein schwieriger Typ. Das wusste er selbst, hat daraus kein Geheimnis gemacht. Er ist vielen Leuten auf die Nerven gegangen, und das hatte Konsequenzen.

»Für dich hat es vielleicht nicht den Anschein«, hat er mal zu mir gesagt, »aber ich bin sehr einsam. Könntest du mich nicht öfter besuchen, nicht nur einmal in der Woche?«

»Du? Einsam?« Ich war überrascht.

»Die wollen nichts mehr mit mir zu tun haben. Eigentlich schade ...« Er nickte mit nachdenklicher Miene und hielt Rückschau auf sein Leben. Was war gut? Was schwierig? Vor allem, wenn es ihm schlecht ging, wenn die Krankheit ihn schwächte, hatte er

Zeit, über vieles nachzudenken. Sein Fazit war selbstkritisch: »Es war wohl auch nicht immer einfach mit mir.«

Er hatte viele enttäuscht. Vor allem seine Frauen.

Oje! Ob die jetzt alle bei der Trauerfeier auftauchen werden? Dann muss ich noch mehr aufpassen, was ich sage.

Ich habe ihn, trotz seiner Bitte, damals nicht öfter besucht.

Ursprünglich war ich nicht mal als Begleitung für ihn vorgesehen. Wir trafen uns das erste Mal, weil er um Unterstützung bei der Erstellung seiner Patientenverfügung gebeten hatte, und er fragte gleich, ob ich nicht regelmäßig zu ihm kommen könne. Zum Reden. Und Zuhören.

Ich kenne ihn jetzt seit anderthalb Jahren – kannte ihn? Nein, kenne ihn. Die Erinnerung bleibt. Bernd gehört nicht zu denen, die man schnell vergisst. Ganz bestimmt nicht.

Ein weiterer Punkt für die Rede, den ich mir notiere.

Für mich war Bernd etwas Besonderes. Jemand, von dem ich viel gelernt habe. Je länger ich darüber nachdenke, desto mehr kommen die Gedanken ins Rollen. Ja, jetzt weiß ich, was ich den Leuten erzählen werde.

Die Kirche am Görlitzer Park ist bis zum letzten Sitz gefüllt.

Es ist eine linksaktive Gemeinde, das sieht man und spürt man, und es passt gut zu Bernd. Aber im Vordergrund steht natürlich das Christliche, und das fühlt sich seltsam an. Zu mir hat Bernd gesagt, er sei Atheist. »Ich glaube schon lange nicht mehr an Gott«, hat er mir erklärt. »Hab' leider bloß vergessen, dem Verein meine Kündigung zu schicken.«

Ob der Pfarrer das weiß? Wahrscheinlich nicht.

Vielleicht haben die »spießigen Friedenauer«, Bernds durch und durch bürgerliche Neffen, für diese christliche Andacht gesorgt. Er hat den Kontakt zu ihnen wieder aufgenommen, nachdem er von seiner Krankheit erfahren hatte. Seitdem schwankte er zwischen

Zuneigung und Spott über deren ausgeprägten Familiensinn und konservative Ansichten.

Die »spießigen Friedenauer« sitzen, elf Köpfe stark, vorne in der ersten Reihe. Daneben sitzt Lisa, Bernds »wiedergefundene« Tochter. Was hat er sich Gedanken über sie gemacht! Und ihre Mutter. Und deren Mann. Ach, und die anderen Ex-Frauen sind natürlich auch da, ich hab's ja schon geahnt.

Auch Bernds alte Freunde von der Presse sind gekommen. Außerdem viel Prominenz. Das macht mich ein bisschen nervös, als ich ans Rednerpult trete. Die vielen Blicke. Die Neugier in den Gesichtern. Dabei ist das, was ich über Bernd Hardenbach zu sagen habe, ebenso schlicht wie speziell. Es ist die Sicht einer Begleiterin. Meine Sicht.

»Ich glaube, Bernd hat mir schon bei meinem allerersten Besuch die Fotos gezeigt, auf die er so stolz war …« Er hatte sie mit 19 geschossen. Sie begründeten seine Karriere als Musikjournalist und Organisator großer Musik-Events. Auf den Bildern war ein schwarzer Gitarrenspieler zu sehen. »Na, kennste den?« Bernd grinste breit.

Ich wusste natürlich sofort, dass der Mann berühmt sein musste. Trotzdem zuckte ich die Achseln, schüttelte den Kopf.

»Das ist Jimi Hendrix!«

»Tut mir leid, hab' ich nicht erkannt.«

Mit einem Satz: Ich passte überhaupt nicht in Bernds Welt. Aber vielleicht war es ja gerade das. Weil ich nichts von dem wusste, was ihn geprägt hatte, konnte er mir alles erklären. Jeden meiner Besuche hat er vorbereitet. Als es ihm noch besser ging, hat er Musik zusammengestellt.

»Na, kennste die? Weißte, wer da spielt?«

Darauf ich, ratlos: »Vielleicht … die Beatles?«

Immer gab es etwas zu trinken oder zu essen. Später habe ich die Zutaten, nach Bernds Bestellung, selbst mitgebracht.

»Na, haste das schon mal probiert? Wie schmeckt's dir denn?«

Er war all die Monate ein perfekter Gastgeber.

Bernd hat sich nicht unterkriegen lassen von der Angst, die Menschen in seiner Situation befällt. Wie lange habe ich noch? Was kommt noch auf mich zu? Eine Angst, die lähmen kann. Bernd nicht! Er lebte. Und nutzte die Zeit, die ihm blieb. Vielleicht auch, weil er phasenweise die Hoffnung hatte, doch noch überleben zu können.

Für mich war er ein Lebenskünstler. Ein Mensch mit einer reichen Innenwelt, der mehrere Leben lebte, weil eines allein nicht ausreichte. Der die Musik, besonders den Jazz, als Kraftquelle brauchte. Der nicht genug bekommen konnte von der Kreativität der Menschen. Seine Wohnung war eine Fundgrube der Inspiration. Und er, der Kranke, war bis zum Schluss der Macher, der Wissende, der Lehrmeister. Welche Würde!

Bei unserem letzten Zusammentreffen, wenige Tage vor seinem Tod, sagte er zu mir: »Entschuldige, dass ich die Augen schließen muss, ich fühle mich schummrig wie auf einem Schlauchboot – ABER, was ich dir noch erzählen wollte ...«

Er hat in seiner Patientenverfügung festgehalten: »So lange mein Geist funktioniert, ist mein Leben für mich lebenswert. Pflegebedürftig zu sein ist kein Grund aufzugeben. Aber wenn ich nicht mehr denken kann, nein, dann will ich nicht mehr.« Und so hat er es umgesetzt. Er kam ins Krankenhaus, war für wenige Stunden bewusstlos, und dann war er tot.

Es bleibt eine Leere. Sicher für viele.

Er war ein Wissender. Ein Schatzhüter.

Wir werden ihn, seine Zugang zum Leben, vermissen.

Ich werde ihn vermissen.

Lukas

Im Januarschnee suchen wir zusammen nach Bärenspuren.

»Der hat hier nämlich irgendwo seine Höhle«, sagt Lukas. Er deutet vage über die Hecken, den Spielplatz und die weißbemützten Mülltonnen. Mir ist die Wohnanlage, in der er lebt, noch fremd, aber mein vierjähriger Fährtensucher wirkt ganz von sich und seinen Fähigkeiten überzeugt. »Du musst leise sein«, warnt er mich, »sonst entdeckt er uns!«

»Wer? Der Bär?«, flüstere ich.

Er nickt. »Der mag das nicht, wenn man ihn stört.« Mit behutsamen Trapperschritten strebt er auf eine Reihe von Birken zu. Ich folge ihm über die verschneite Rasenfläche, setze meine Erwachsenenstiefel auf seine kleinen Fußspuren.

Plötzlich hält er inne, richtet sich auf und betrachtet die kahlen Äste.

»Wo sind denn die Blätter hin?«, fragt er, gar nicht mehr leise. Die Pirsch ist vergessen. »Da sind ja gar keine Blätter mehr am Baum.«

»Die sind im Herbst abgefallen.«

Sein Fäustling fährt an den geöffneten Mund, die Augen werden groß. Ich kann sehen, wie er sich zu erinnern versucht, wann er zuletzt draußen unterwegs war. Es muss lange her sein.

Im nächsten Moment kehrt der Fährtensucher zurück. »Da sind welche!«, ruft er, reißt die Arme hoch und stürzt los. Ein Halbkreis aus Pfotenabdrücken führt vom Gehweg zu einer zarteren Spur. Hier hat ein Hund seinen Jagdinstinkt entdeckt, der Pfotengröße nach vielleicht ein Beagle. Lukas ist begeistert. »Wenn wir den erwischen, machen wir aus den Krallen eine Kette.« Ich muss schmunzeln. Aber Lukas hat natürlich nur den Bären im Sinn.

Zuhause ist kein Platz für Trapper und Indianer.

»Mein Papa ist im Schlafzimmer«, erklärt Lukas, ansonsten kein Wort über den kranken Vater. »Dabei war er immer ein Papakind«, sagt Nicole, seine Mutter, als ich sie darauf anspreche. »Der Alex hat ihn früher oft mit dem Motorrad zur Kita gefahren. Lukas fand das immer ganz toll.«

Mir kommt es vor, als wäre der Vater gar nicht mehr da. Auf dem Couchtisch brennen für ihn schwarze Kerzen und verströmen Traurigkeit. Manchmal höre ich einen Docht knistern. In der ganzen Wohnung ist es sehr still, aber Lukas scheint daran gewöhnt zu sein.

Nicole ist einkaufen gegangen. Beim Vater wacht eine Frau vom Hospizdienst. Wir haben sie vor einer Stunde kommen und ins Schlafzimmer gehen sehen. Die Tür bleibt angelehnt, trotzdem kein Geräusch von nebenan. Nur der Regen klopft stetig ans Wohnzimmerfenster, der Filzstift kratzt übers Papier und wenn wir reden, dämpfen wir ganz automatisch unsere Stimmen.

»Jetzt noch'n Schornstein aufs Dach. Gib mal das Braun.«

»Hier. Lass ihn ordentlich qualmen, Lukas.«

Wir sitzen auf dem Teppich und malen zusammen ein Haus, zuerst die Mauern, das Dach, die Fenster und Türen, dann auch noch karierte Gardinen und Geranientöpfe. Lukas ist so ausdauernd bei der Sache, wie ich trotz meiner beruflichen Erfahrung noch kein Kind von vier Jahren jemals erlebt habe. Er stellt einen Zaun vor das Haus, verlegt einen Weg aus Steinplatten drumherum, und als auch der fertig ist, beginnen wir zu würfeln: Wer als Erster einmal rund ums Haus gelaufen ist, macht das Licht an, indem er die Lampe gelb malt. Anderthalb Stunden hält uns die Stille auf dem Teppich. Dann kommt Nicole vom Einkaufen zurück.

Anfang März finden wir auf der Wiese eine tote Amsel.

»Ich glaube, die müssen wir beerdigen«, sage ich zu Lukas und komme mir dabei mutig vor. Wir kennen uns inzwischen ziemlich gut, haben aber noch nie über das Sterben und den Tod gesprochen. Nun bin ich gespannt.

Er nickt sofort, ganz selbstverständlich, und hält bereits Ausschau. »Wir machen das Grab da unter die Hecke«, bestimmt er. »Damit es uns keiner kaputtmacht.«

Mit Stöcken kratzen wir ein Loch und legen den Vogel hinein. Lukas bedeckt ihn behutsam mit Erde. Dann sammelt er Moos, rupft mit beiden Händen die grünen Polster aus dem Boden und formt eine Moosdecke, die er sorgfältig festklopft. Zuletzt stecken wir ein geheimes Zeichen in das Grab, einen besonders schönen Stock.

»Damit wir es auch wiederfinden«, sagt Lukas.

Jeden Dienstag hole ich ihn aus dem Kindergarten ab, und wenn nichts Besonderes anliegt, besuchen wir das Vogelgrab. Lukas verziert die Moosplatten mit Grashalmen und Blüten. Er lässt sich dabei Zeit und gibt sich viel Mühe. Das Grab ist ihm wichtig. Aber genauso gerne ist er einfach draußen in der Natur.

Bei schlechtem Wetter spielen wir im stillen Wohnzimmer. Auf dem Couchtisch brennen die schwarzen Kerzen. Aber wir haben jede Menge Handpuppen, und eine davon ist Käpt'n Blaubart, dessen Schiff in der Karibik versenkt wird. Hinter dem Sofa stehen Zimmerpalmen und Benjamine. Mitten in diesem Urwald strandet Lukas, streckt die Arme in die Höhe und jammert: »Zieh mich raus! Bitte!«

Ich stehe auf dem Sofa, nehme seine Hände. Er lässt sich hängen wie ein nasser Sack. So funktioniert das Ritual, das er gewohnt ist, ich erkenne es sofort. »Das schaff' ich nicht, Lukas. Du musst mithelfen.«

»Nein, zieh mich raus!«, ruft er, und es klingt wie: Stell dich nicht so an, das kann doch jeder! Ich ahne, wer ihn bisher gerettet hat.

»Ich bin aber nicht dein Vater!«, kontere ich genauso laut. »Ich hab' nicht so viel Kraft!«

Da brüllt Lukas: »Mein Vater ist krank! Der hat Krebs! Der kann das nicht!« So laut, dass seine Stimme sich überschlägt. Sein Gesicht ist plötzlich puterrot.

»Aber der war mal gesund!«, brülle ich zurück. »Der konnte das, und der hat das mit dir gemacht!« Dann viel leiser: »Ich kann das nur, wenn du dich mit den Füßen abstemmst und mithilfst.«

Er nickt bloß. Ich spüre, wie sein Körper sich anspannt. Im nächsten Moment schnellt er in die Höhe, und ich hebe ihn ganz leicht über die Sofalehne. Das ist das einzige Mal, dass er mit mir über die Krankheit seines Vaters redet.

Auf dem Tisch liegen Kinderbücher über das Sterben: Wie kommt der große Opa in die kleine Urne? »Aber wenn ich ihm vorlese, muss ich immer weinen«, erzählt mir Nicole. »Und Lukas macht irgendwas anderes. Der will gar nicht hören, was da drinsteht.«

Im April kommt der Vater noch einmal ins Krankenhaus. »Da haben wir zwei ihn gestern besucht. Nicht, Lukas?« Nicole streicht ihrem Sohn das Haar aus der Stirn. Der fegt es mit einem unwilligen Wisch gleich wieder zurück. »Aber Lukas hat mit seinem Spielzeugauto auf dem Nachttisch solchen Krach gemacht, dass es nicht auszuhalten war.«

Ich sehe, wie Lukas den Blick senkt und die Stirn runzelt.

»Und dann meinte Alex zu mir: Den bringste mir nicht mehr mit! Den will ich nicht mehr sehen! Das hat Lukas natürlich gehört.« Sie zieht den Jungen an sich. »Aber der Papa hat's nicht so gemeint.«

»Doch, hat er«, sagt Lukas und macht sich los.

Dann kommt der Abschied. Alex liegt inzwischen im Hospiz. Es ist Dienstag, ich hole Lukas vom Kindergarten ab und bringe ihn zu seinem Vater. Aber Nicole fängt uns auf dem Gang ab. »Alex geht's gerade nicht so gut«, sagt sie. »Könnt ihr solange drüben auf den Spielplatz gehen?«

Dort gibt es eine Reifenschaukel und viele Klettergerüste. Lukas kann sich so richtig abreagieren. Als er danach zu seinem Vater ins Zimmer tritt, scheint ihm das Ganze so vertraut wie Nachhausekommen. Die ganze Familie ist da, er bekommt die Schuhe ausgezogen, und Nicole setzt ihm ein Stück Sahnetorte vor, das er mit Hochgenuss verspeist. »Er hat noch den ganzen Abend bei seinem Vater im Bett gelegen«, erzählt sie mir später. »Alex ist dann in der Nacht gestorben.«

Unsere Rituale bleiben dieselben. Jeden Dienstag pflegen wir das Vogelgrab und streifen durch die Natur. Bisher konnte Lukas' Vater nicht beerdigt werden, denn es gibt Streitigkeiten, wer die Kosten übernimmt. Nicole steht deswegen enorm unter Druck, das ist kein Geheimnis. Und sobald ich Lukas an die Hand nehme – »So, jetzt gehen wir aber nach Hause!« –, zieht er mich in die andere Richtung.

»Nee, lass uns lieber nochmal zu dem Baum.«

Es ist eine riesige Fichte, deren hängende Äste bis auf den Boden reichen. Mir kommt der Baum wie ein Indianer-Tipi vor. Unter den dichten Zweigen kann selbst ein Erwachsener fast aufrecht stehen, und Lukas würde am liebsten sofort einziehen. Er schleppt bergeweise Zapfen in die Baumhöhle, nimmt ein Hölzchen, kniet sich hin und beginnt, es zwischen den Händen zu reiben. »Ich mach uns Feuer. Da wird uns wieder warm.«

Ich hocke mich dazu, strecke die Hände aus und halte sie über die Flamme, die nur in unserer Fantasie existiert. Ich kenne ja die Last, die Lukas mit sich herumträgt. Sie ist immer da. Manchmal liegt sie ganz tief im Verborgenen, dann ist er ausgelassen und tobt herum. Manchmal steigt sie ganz dicht unter die Oberfläche, so wie jetzt. Das ist seine Art, damit umzugehen.

Er steht ganz vorne, als die Urne im Boden versenkt wird, sieht zu, wie die Erde auf die Rosen fällt, und zieht irritiert die Stirn in Falten.

»Doch nicht die schönen Blumen verbuddeln!«

Da fällt bereits die nächste Schaufel Sand ins Grab. »Das macht man aber so«, beruhigt ihn der Schaufler. »Das ist schon richtig.«

Lukas schüttelt den Kopf. Nicole will ihn an die Hand nehmen, aber er macht sich los. Während wir noch immer im Kreis stehen, sammelt er zwei Hände voll Gänseblümchen. Die breitet er über die geschlossene Grabstelle. »Ich hab' schon mal einen Vogel beerdigt«, erklärt er dem Mann mit der Schaufel. Damit ist alles gesagt.

Das Vogelgrab besucht er danach nicht mehr.

Hitzewelle

Junge, ist das heiß heute! Die Hitze flirrt über dem Asphalt, ich kann den Glutofen draußen regelrecht sehen. Hier in der Kneipe ist es nicht viel besser. Der Deckenventilator quirlt die Luft durcheinander, aber Kühlung bringt er nicht. Mir steht der Schweiß auf der Stirn, wenn ich nur meinen Tresen abwische. Heute wird nicht viel Kundschaft kommen. Die üblichen Stammgäste sitzen bereits träge an der Theke. Die Bullenhitze hat alles lahmgelegt.

Jetzt bimmelt die Türglocke. Es ist Karl-Heinz. Auch ein Stammgast, aber einer, der früher wesentlich öfter kam als heutzutage. Er ist sehr krank. Ich weiß nicht, was er hat. Jedenfalls kommt er jetzt nur noch einmal die Woche, geht am Rollator und bringt jedes Mal eine Frau mit. Seine Hospizbegleiterin, sagt er. Sonst ist es immer eine Blonde, aber heute hat er zur Abwechslung mal eine Brünette dabei.

»Na, Karl-Heinz, schon wieder 'ne neue Freundin?!«, rufe ich zur Begrüßung und zwinkere der Dame zu. Ich mag es, wenn sie rot werden, die Mädels vom Dienst. Die Neue fängt auch gleich an zu glühen.

Aber Karl-Heinz macht schmale Augen. »Mal nicht so frech!«, weist er mich zurecht. »Das ist meine Begleitung.«

»Nur vertretungshalber«, sagt sie, lächelt und klimpert unsicher mit den Wimpern. Die geht nicht oft in Kneipen. Um das zu wissen, braucht man kein Hellseher zu sein.

Sie setzen sich an den Tisch unter dem Ventilator. Ich kann's ihnen nicht verdenken. Karl-Heinz bekommt ein Bier mit zwei Kümmerlingen, wie immer. Die junge Frau bestellt ein Alster. Ja, es ist heiß heute. Da kriegt man Durst.

Ich stehe hinter dem Tresen und schaue mir die Begleitung von hinten an. Schöne Haare hat sie, die ihr bis auf den Rücken fallen. Was will so eine hübsche Frau von einem alten Kerl wie Karl-Heinz? Es ist mir ein Rätsel.

Sie reden. Und manchmal lachen sie auch.

Als sie ihr Glas leer getrunken hat, gebe ich Karl-Heinz ein Zeichen. Soll ich Nachschub bringen? Er nickt.

Zwei Minuten später stelle ich ihr das neue Getränk hin.

»Aber das habe ich doch gar nicht –« Sie ist überrascht, vielleicht auch verwirrt und will es abwehren.

»Das ist schon in Ordnung«, sagt Karl-Heinz und schmunzelt in seinen Schnurrbart.

»Na gut«, nickt sie. »Dann sage ich Dankeschön.« Sie trinkt. Die beiden reden weiter. Lachen schon wieder. Ich wüsste zu gerne worüber.

»Was machen Sie denn sonst so?«, rufe ich. »Wollen Sie nicht bei mir anfangen? Jemanden wie Sie könnte ich gut brauchen.«

Sie lacht verlegen. Und schüttelt den Kopf.

»Oder gehen Sie wenigstens mal 'n Kaffee mit mir trinken!«

Wieder Lachen. Und Kopfschütteln. »Ach nein, lieber nicht.« Sie hat nur Augen und Ohren für Karl-Heinz. Was für eine maßlose Verschwendung!

Als sie zur Toilette geht, ordert er noch ein weiteres Alster für sie. Als sie zurückkommt, steht es auf ihrem Platz.

Grinsend beobachte ich, wie sie mit Karl-Heinz darüber diskutiert. Er macht Hundeaugen und zieht seine Schnurrbartecken nach unten. Jetzt lacht sie und winkt ab, zeigt zuerst auf das Glas, dann auf die Uhr. Nach diesem Bier ist aber Schluss! soll das wohl heißen. Trotzdem trinkt sie brav aus. Es ist ja auch wirklich verdammt heiß heute.

Als sie beide aufstehen, kippt ihr Stuhl nach hinten und kracht auf die Holzdielen. »Ach je!« Man sieht, dass es ihr peinlich ist. Rasch stellt sie den Stuhl wieder auf und hebt Karl-Heinz' Rollator den Treppenabsatz hinunter. Es poltert erneut. »Du lieber Himmel!« Sie hält sich die Hand vor den Mund, verbeißt sich ein Kichern. »Jetzt bringe ich Sie aber noch«, stößt sie hastig hervor.

Karl-Heinz legt den Kopf schief. »Wohin denn?«, fragt er unschuldig.

»Nach Hause natürlich!«, verkündet sie.

»Ach so«, sagt Karl Heinz. »Mach's gut, Waldi!«

Ich hebe zwei Finger zum Gruß. »Ihr auch.«

Die Begleitung runzelt die Stirn.

»Das ist schon in Ordnung«, schmunzelt Karl-Heinz. »Und immer schön festhalten.« Er deutet auf seinen Rollator.

So schwankt sie davon, die hübsche Begleitung. Und ich frage mich, wer von den beiden es wohl nötiger hätte, nach Hause gebracht zu werden.

Sagen Sie nicht »Auf Wiedersehen«!

Sie schläft, wie so oft in letzter Zeit, wenn ich sie im Altenheim besuche. Ich hole mir einen Stuhl ans Bett und betrachte sie. Winzig sieht sie aus in ihrem Pflegebett. Eine sehr zarte Person, das Gesicht von Falten durchzogen. Aber ich finde es wunderschön, dieses alte Gesicht. 98 ist sie jetzt. Die Haare sind schneeweiß, aber gepflegt. Eine Friseurin kommt regelmäßig aufs Zimmer.

Ich betrachte die alten Hände. Sie sind so dünn, fast sieht es aus, als seien die Knochen nur mit blauen Adern und feiner Haut überspannt. Der Ring an ihrer rechten Hand ist viel zu groß geworden, sodass der Stein sich immer in die Handinnenfläche dreht. Genau wie damals bei meiner Großmutter. Sie hatte fast die gleichen dünnen, knochigen Hände. Und auch ihr Ring drehte sich immer, weil der Bernstein zu schwer war. Eine warme, tröstliche Kindheitserinnerung ist das. Ich muss lächeln.

Eine Schwester kommt ins Zimmer und fragt, ob ich vielleicht Kaffee oder Wasser trinken möchte. Ich entscheide mich für den Kaffee, obwohl ich weiß, dass es kein besonders guter sein wird, hier im Heim.

Unsere Stimmen haben die Schlafende geweckt. Sie öffnet die Augen. »Ach, Sie sind's«, sagt sie, und ich freue mich, dass sie mich gleich erkennt. Wir reden über dies und das. Ich suche nach einem Gesprächsthema, frage, wie es ihr ergangen ist, seit ich sie vor einer Woche zuletzt besucht habe.

»Ach, was soll schon sein«, sagt sie, »was soll schon sein.«

Es passiert nicht viel in diesem Abschnitt ihres Lebens. Alles ist unwichtig geworden. Die Jahreszeit, das Wetter, das Essen, die Aktivitäten im Heim. Mir kommt es vor, als hätte sie sich schon von allem verabschiedet. Mit dem Brustkrebs sind zu den Beeinträchtigungen des Alters nun auch noch die großen Schmerzen gekommen.

»Ich möchte sterben«, sagt sie leise. »Möglichst bald.«

Ich nicke, kann den Wunsch nachvollziehen, sage nichts.

»Ich habe Gott gebeten, dass er mich zu sich holt«, fährt sie fort. »Es wird Zeit.«

Ich finde daran nichts Ungewöhnliches. Sie hat keine Freunde oder Verwandten mehr, mit denen sie in Kontakt steht. Sie ist seit langem allein auf der Welt. Das Einzige, was mir zu schaffen macht, ist meine eigene Hilflosigkeit. Hier kann ich nur zuhören und mitempfinden, aber ich kann nichts tun. Das fällt mir schwer. Trotzdem bleibe ich sitzen und höre zu.

Später schiebe ich den Stuhl wieder an seinen Platz. Ich trete ans Bett, beuge mich über die Liegende und nehme ihre Hände. Wie immer sage ich: »Alles Gute. Bis nächste Woche. Auf Wiedersehen.«

Aber sie schüttelt den Kopf. »Sagen Sie nicht immer ›Auf Wiedersehen‹«, bittet sie mich leise und sehr ernst. »Ich will sterben. Dann können wir uns nächste Woche nicht wiedersehen.« Sie schaut zu mir auf. Eindringlich. Vielleicht sogar hoffnungsvoll. Ich muss lächeln.

»Also gut, Frau Kniek«, nicke ich. »Alles Gute. Auf dass sich Ihr Wunsch bald erfüllt.«

Als ich die Tür hinter mir geschlossen habe, atme ich tief durch. Wem soll man das erzählen? geht es mir durch den Kopf. Ich habe gerade aus vollem Herzen einem Menschen den Tod gewünscht. Weil es für ihn das Beste wäre.

Unsere Wünsche wurden bald erfüllt. Wir haben uns nie wieder gesehen.

Löcher gehören gestopft

»Hach, mir ist immer so kalt«, sagt Frau Schröder, kaum dass wir uns kennengelernt haben, und reibt die Hände aneinander. »Ich friere aber auch schnell, vor allem an den Handgelenken. Und am

Ellenbogen.« Sie trägt Pulswärmer und eine dicke Strickjacke. »Ihnen ist wohl nicht kalt?«

Ich schüttele den Kopf.

»Und Ihrem Mann?« Jetzt liegt verhaltene Neugier in ihrem Blick. Die Frage irritiert mich. »Dem auch nicht.«

Die kleine Frau lächelt. »Also haben Sie einen Mann«, stellt sie zufrieden fest. »Das ist gut. Dann haben Sie sicher auch alte Männersocken zuhause, die Sie nicht mehr brauchen.«

Ich nicke. »Ja, wahrscheinlich ...«

»Da kann man wunderbare Gelenkwärmer draus machen«, erklärt Frau Schröder mit leuchtenden Augen. »Einfach unten abschneiden und die Kanten versäubern. Könnten Sie mir welche mitbringen?«

Jetzt muss ich lächeln. »Ich schau mal nach«, verspreche ich.

Frau Schröder reibt sich schon wieder die Hände, aber diesmal sieht es nach Vorfreude aus. »Hach, man kann so vieles machen mit Nadel und Faden«, schwärmt sie. »Und mit Fantasie.«

Als ich das nächste Mal ins Heim komme, näht sie gerade mit höchster Konzentration einen großflächigen Flicken auf ein riesiges Loch. Die linke Hand hält den festgenadelten Stoff, die rechte setzt dichte, winzige Stiche. Ich schaue ihr über die Schulter. Das Werk kann sich sehen lassen. »Sie machen das gern, was?«

»Ach, na ja ...« Frau Schröder seufzt. »Es muss ja nun mal sein. Einer muss die Arbeit ja machen.«

Ich nicke verständnisvoll, obwohl ich weiß, dass es hier im Heim nicht unbedingt Frau Schröder selbst sein müsste, die stopft und näht. Aber offenbar ist ihr das wichtig.

»Haben Sie an die Männersocken gedacht?« Sie schaut erwartungsvoll zu mir auf.

»Noch nichts gefunden«, sage ich ausweichend.

Zuhause durchwühle ich einige Schubladen. Schließlich halte ich ein Paar ausgeleierte Arbeitssocken in der Hand. Aber die Vorstellung, dass Frau Schröder damit ihre schmalen Handgelenke wärmt, kommt mir auf einmal schäbig vor. Ich entscheide mich für eine »vornehmere« Variante und bringe ihr beim nächsten Besuch ein Paar gestrickte Stulpen mit. Sie leuchten in frohen Farben und haben je eine Öffnung für den Daumen. Frau Schröder trägt sie nun jedes Mal, wenn wir mit ihrem Rollator unsere Spaziergänge machen.

»Und wie geht es Ihren Handgelenken?«, will ich wissen.

»Schön warm.« Frau Schröder nickt zufrieden.

Sie fragt auch nicht mehr nach den Männersocken. Trotzdem findet sie immer etwas zum Nähen und Ausbessern. Aber im Laufe der Monate werden ihre Augen immer schlechter, die Stopfarbeiten entsprechend mühsamer. Auch ihre Nadelstiche sind längst nicht mehr so akkurat, sondern größer und willkürlicher. Es fällt ihr sogar schwer, mit dem Faden ins Nadelöhr zu treffen.

»Das könnte ich doch für Sie machen«, biete ich an und fädele so viele Fäden ein, wie Nadeln vorhanden sind. »Jetzt haben Sie einen Vorrat.«

Frau Schröder freut sich über jedes reparierte Wäschestück. Das Flicken ist ihr ein und alles. Die Mühe, die es ihr inzwischen macht, vergisst sie, sobald sie das Loch gestopft hat. Dann ist sie stolz. Und überglücklich.

Genau wie beim Wäschewaschen.

»Es muss ja sein«, stöhnt sie, wenn ich sie mal wieder tief übers Waschbecken gebeugt, fast mit der Nase im Seifenschaum, vorfinde. Sie rubbelt, schrubbt, spült. Es ist nicht zu übersehen, wie sehr die selbst auferlegte Arbeit sie inzwischen anstrengt.

»Aber Ordnung ist nun mal das halbe Leben«, keucht sie. Für Frau Schröder ist sie der Motor, der alles in Gang hält. Durch die Arbeit bewahrt sie sich ihre Würde.

Immerhin bekomme ich den Part, die Wäsche auszuwringen und über die Heizung zu hängen.

»Wenn Sie mir schon unbedingt helfen müssen ...« Sie schmunzelt.

»Ich tu's gern, Frau Schröder.«

Die Heizung ist bereits vollständig mit Wäschestücken behängt. Ich nehme ein bereits getrocknetes Hemd ab, lege ein Handtuch beiseite. Da sehe ich die bunten Strickstulpen – und traue meinen Augen nicht! Ich nehme sie und prüfe mit den Fingern, was ich entdeckt habe. Das kann doch nicht ...!

Es ist plötzlich ganz still im Badezimmer.

Frau Schröder beobachtet mich. Jetzt fährt sie sich mit der tropfenden Hand über die Stirn und zwinkert fröhlich verschmitzt. Hach, es gibt immer so viel Arbeit!, sagt ihr Blick. Ich hebe die Stulpen und nicke. Sie hat die Daumenlöcher mit großzügigen Stichen zugestopft.

Meine Sozia

Frau Paul scheint jedenfalls glücklich zu sein. Es ist unsere gemeinsame Premiere. Ich schiebe sie zum ersten Mal in ihrem Rollstuhl spazieren. Frau Paul lächelt. Und ich bin ebenfalls frohen Mutes – wenn auch ein wenig bänglich, was nun wohl alles auf mich zukommen wird.

Im Rahmen meiner Ausbildung zum ehrenamtlichen Hospizhelfer werde ich Frau Paul sechs Monate lang begleiten, und wir werden dabei, ihrem Wunsch entsprechend, hauptsächlich kleinere Spazierfahrten unternehmen.

Meine 97-jährige Rollstuhlinsassin habe ich erst vor ein paar Tagen kennengelernt. Durch ihre Krankheit kann sie schon seit längerem nicht mehr laufen. Aus eigener Kraft kommt sie aber auch mit dem Rollstuhl nicht mehr allzu weit. Es reicht gerade noch für die Fahrten durch den Flur des Seniorenheims bis zum Speisesaal.

Mit meiner Hilfe rollt Frau Paul nun mitten hinein in den sonnigen Frühlingstag. Ja, das gefällt ihr. Sie strahlt.

»Ist doch herrlich, wieder mal rauszukommen!« Und ein wenig später: »Wissen Sie, woran ich schon die ganze Zeit denken muss?«

»Na, woran?«

»Wie ich in jungen Jahren mit meinem Mann Motorrad gefahren bin. Er am Lenker, ich als Sozius. Was sind wir damals in der Gegend rumgebraust! Machen Sie mal bisschen Tempo!« Sie kichert übermütig.

»Bei dem holprigen Weg geht es leider nicht schneller«, erkläre ich.

»Ach, war doch nur Spaß.«

Einmal in Schwung gekommen erzählt Frau Paul noch mehr aus ihrer Jugend. Ich ahne, dass sie in damals eine ziemlich kesse Biene gewesen sein muss. Eine Ur-Berlinerin mit flottem Mundwerk, die ihre Freiheit liebte.

Von Woche zu Woche lernen wir uns besser kennen. Ich merke, wie Frau Paul, meine Sozia, sich auf unsere kleinen Ausflüge freut. Zur verabredeten Zeit wartet sie bereits am Fenster und winkt mir munter zu.

So vergeht das geplante Ausbildungshalbjahr sehr kurzweilig. Wie soll ich ihr jetzt offenbaren, dass meine Besuche enden? Das kann und will ich nicht. Warum auch? Abgesehen davon, dass ich nun kein auszubildender, sondern ein ausgebildeter Hospizhelfer bin, hat sich ja nichts an meiner Situation geändert. Also führe ich meine Besuche fort.

Fünf Jahre lang genießen wir miteinander Friedrichshagener Flair und Frischluft, Frau Paul und ich. Wir scherzen und lachen. Später weinen wir auch gelegentlich zusammen, ehe sie schließlich im Alter von 103 Jahren ihrem Wesen gemäß friedlich entschläft. In all der Zeit habe ich die größte Achtung davor, wie Frau Paul nicht nur ihre körperlichen Beschwerden, sondern vor allem auch ihre Einsamkeit meistert. Aber es bleibt auch so manche kleine Begebenheit aus unserer gemeinsamen Zeit, an die ich mich immer wieder gerne erinnere …

Wie so viele andere, die Besuch vom Hospizdienst bekommen, erkundigt sich auch Frau Paul anfangs nach den Kosten für meine Begleitung. »Wie denn? Sie bekommen nichts? Das kann doch gar nicht sein! Da muss ich mich aber mal erkenntlich zeigen.« Nur wie? Ein Entgelt kommt natürlich nicht in Frage. Aber der Zufall bietet eine Gelegenheit.

Frau Paul hat nämlich eine Vorliebe für ein bestimmtes Blätterteiggebäck, sogenannte »Schweinsohren«, die es offenbar im Seniorenheim nicht gibt. Bei jeder unserer Spazierfahrten drückt sie mir vertrauensvoll ihre Geldbörse in die Hand und schickt mich in den Bäckerladen: »Kaufen Sie mir doch bitte mal ein Schweinsohr.« Sobald ich damit wiederkomme, verspeist sie es unverzüglich und mit großem Genuss – bis ihr irgendwann bewusst wird, dass ich neben ihr sitze und nichts zu essen habe.

»Kaufen Sie doch bitte mal zwei Schweinsohren«, sagt Frau Paul, als wir das nächste Mal unterwegs sind. »Ich möchte Ihnen gerne eins spendieren.«

Nun sind Schweinsohren aber leider nicht mein Lieblingsgebäck, eher im Gegenteil. Ich wiege bedächtig den Kopf und weiß nicht recht, wie ich es ihr am besten sage. Aber Frau Paul hat schon begriffen. »Lieber eine Rosinenschnecke? Oder eine Rumkugel?«

Nach längeren Erörterungen des Backwarenangebots bekenne ich meinen Hang zum Windbeutel. Den spendiert sie mir. Bald sitzen wir nebeneinander, sie krümelt mit dem Schweinsohr, ich schmiere mir die Sahne des Windbeutels in den Bart.

Da sie nun meine Leidenschaft erkundet hat, will mir Frau Paul bei der nächsten Ausfahrt gleich den nächsten Windbeutel ausgeben. Doch das scheint mir nicht verhältnismäßig. Ich weiß, dass ihr Taschengeld karg bemessen ist.

»Ach nein, danke. Ich hab' gerade erst zu Mittag gegessen.«

»Na, aber so ein kleiner Windbeutel, der passt doch immer noch«, hält sie dagegen.

»Die sind ganz schön mächtig!«

»Dann nehmen Sie ein Erdbeertörtchen.«

Unser Gespräch kreist ein Weilchen um das Kuchenangebot und endet schließlich abrupt. »Dann nehme ich eben auch nichts!« Frau Paul tritt in den Schweinsohren-Hungerstreik.

»Das war jetzt aber nicht meine Absicht«, protestiere ich. »Ich hole Ihnen Ihr Schweinohr.«

»Nur, wenn Sie auch etwas nehmen!«

Die Überzeugungskünste gehen hin und her. Frau Paul ist sogar etwas missgestimmt. Also willige ich schließlich doch auf den nächsten Windbeutel ein. Aber ich zahle ihn selbst, das beruhigt mein Gewissen, und Frau Paul merkt nichts davon.

Sie war früher Verkäuferin in der Textilbranche. So ist es nicht verwunderlich, dass sie für die zahlreichen Modegeschäfte in der Bölschestraße und besonders für die Kleiderstände auf dem Friedrichshagener Wochenmarkt ein noch ausgeprägteres Interesse zeigt, als es ohnehin für Frauen typisch ist.

»Oh! Das würde ich mir doch gerne mal näher anschauen.« Sie wirkt nicht nur ungewöhnlich lebhaft, sondern regelrecht verjüngt, wenn ich sie durch die Reihen der Kleidungsständer kutschiere. Mit fachkundigen Blicken und Händen prüft sie die Textilien – und zeigt sich kauffreudig.

Auf mich, der ich mein Leben lang ein bekennender Kaufmuffel war, kommen schwere Zeiten zu. Natürlich möchte ich nicht desinteressiert oder gar gelangweilt wirken, möchte Frau Paul nicht den Spaß verderben. Aber es kommt noch schlimmer: Sie beruft mich zu ihrem Kaufberater!

Oje! Ich versuche also, verschiedene Kaufgespräche, vorzugsweise über Sommerblusen, zu moderieren. Mit Daumen und Zeigefinger prüfe ich die Qualität der Stoffe, begutachte das Design und interessiere mich vor allem, immer die prekäre Taschengeldsituation der Käuferin im Hinterkopf, für die Preise.

Frau Paul dagegen genießt. Für sie sind die Kaufgespräche unzweifelhaft die Höhepunkte ihres wenig abwechslungsreichen Alltags. Sie versteht es sogar, auf amüsante Weise um Preisnachlässe zu feilschen. »Sehnse, junger Mann, ich bin jetzt fast hundert. Da rentieren sich fünfzehn Euro nicht mehr. Wenn ich mich gut halte, schaff' ich vielleicht noch zehn ...«

Der Verkäufer lacht und gibt nach.

Nach der dritten preiswerten Bluse gibt das Pflegepersonal mir den dezenten Hinweis, doch bitte mäßigend auf die Kauffreude von Frau Paul einzuwirken.

Ich beuge mich dieser Maßgabe nur sehr ungern, erlebe ich doch jedes Mal, wie sehr Frau Paul ihre Freude am Kaufen auslebt und zelebriert. Aber ich beuge mich.

»Ach, ich fürchte, in Ihren Kleiderschrank passt inzwischen gar nichts Neues mehr rein«, brumme ich, als Frau Paul das nächste Mal den Markt besuchen möchte, und manövriere den Rollstuhl hastig Richtung Schweinsohrenkauf. Das lenkt sie ab und tröstet vielleicht auch ein bisschen.

Aber Frau Paul hat noch eine weitere kostspielige Leidenschaft: die Frisur. Ihr weißes Haar ist immer noch füllig, und obwohl es durch die Bettlägerigkeit zunehmend in Mitleidenschaft gezogen wird, lässt sie ihm regelmäßig fachgerechte Pflege angedeihen.

»Sie sehen heute ganz besonders gut aus, Frau Paul!«

Dann strahlt sie übers ganze Gesicht.

An einem besonders schönen Sommertag weilen wir wieder einmal am Müggelsee. Frau Paul hat Brotkrumen gesammelt. »Damit können wir die Vögel füttern.«

Das trifft es allerdings nicht ganz. Frau Paul sitzt lediglich im Rollstuhl und freut sich, während ich pflichtschuldig das Fütterungsprogramm für sie ableiste: aufpassen, dass die Schwäne den Enten nicht alles wegschnappen, versuchen, die Möwen anzulocken, damit sie mir im Flug aus der Hand fressen, gleichzeitig aber auch die frechen Spatzen am Uferrand nicht vergessen, denn hier soll keiner zu kurz kommen. Während ich also gerade sehr beschäftigt bin, schaut Frau Paul mir vom Rollstuhl aus zu, genießt die Sonnenwärme und erfreut sich ihrer frisch gerichteten Frisur. Auf ihrem Antlitz breitet sich eine glücklich-gelassene Zufriedenheit aus. Ich weiß, dass es ihr gerade sehr gut geht.

Plötzlich fühle ich mich beobachtet.

Da ich das eigenartige Gefühl nicht loswerden kann, tasten meine Blicke beiläufig die Umgebung ab. Und richtig! In einiger Entfernung hat eine Fotografin unauffällig ihr Teleobjektiv auf uns gerichtet. Sie setzt es wieder ab, als sie sich entdeckt sieht.

Wer observiert uns hier? Und zu welchem Zweck?

Jetzt kommt die Fotografin heran. »Ich würde furchtbar gern ein paar Porträtaufnahmen von Ihnen machen«, sagt sie zu Frau Paul. Sie erklärt, dass sie gerade eine Ausstellung mit den Porträts älterer Menschen vorbereitet. Dass ihr bei diesem Anliegen gerade die in ihrer kleinen Glückseligkeit versunkene Frau Paul ins geschulte Auge fallen musste, erscheint mir mehr als sinnfällig. Die lässt sich nun gerne fotografieren.

So entstehen einige wunderbare Porträtaufnahmen, die das ehrwürdige, von tiefen Falten durchfurchte Gesicht einer inzwischen Hundertjährigen dokumentieren.

Als ich Frau Paul ein paar Tage später die fertigen Fotos zeige, betrachtet sie diese sehr genau.

»Ja, das Alter lässt sich nicht leugnen«, stellt sie fest. »Aber immerhin, da habe ich doch eine schöne Frisur.« Mit dieser abschließenden Bewertung gibt sie die Bilder zur weiteren Verwertung frei.

Die frische Haarpracht bringt aber auch Probleme mit sich. Wind und Regen sind die ärgsten Widersacher unserer Ausfahrten. Kann man dem Wind gerade noch mit einem leichten Kopftuch begegnen – »Aber nur ganz locker gebunden!« –, so stellt Regenwetter, auch wenn es infolge leichter Wolkenbildung nur mutmaßlich in Frage kommt, eine echte Freudenbremse dar. Bei wolkigem Himmel werden unsere Ausflüge von Beginn an von meteorologischen Fachsimpeleien dominiert.

Wie stark ist der Wind? Aus welcher Richtung weht er? Kommen die Wolken näher?

»Die frische Frisur darf auf gar keinen Fall feucht werden!«

Natürlich kenne ich im Laufe der Zeit alle nur denkbaren Unterstellmöglichkeiten an unserer Route. Wenn uns dann trotzdem einmal ein paar Regentröpfchen erwischen, weil die Essenzeit zur Rückkehr drängt, richtet Frau Paul den immer in Bereitschaft gehaltenen Regenschirm gegen die nasse Gefahr. Das gelingt ihr nur mit größter Kraftanstrengung. Und ich sehe mich pflichtgemäß veranlasst, entgegen dem sonst üblichen Spaziergängertempo im Eilschritt zum Seniorenheim zurückzulaufen.

Ist wegen anhaltenden Regenwetters keine Ausfahrt möglich, was glücklicherweise nur selten vorkommt, so gestaltet sich unser Zusammensein wesentlich kürzer.

»Ist ja schade, dass wir heute nicht rauskönnen«, sagt Frau Paul dann. Aber je älter sie wird, desto weniger möchte sie sprechen, auch weil ihr die Artikulation immer schwerer fällt. Dann beendet sie meinen Regentagsbesuch oft ziemlich abrupt mit den Worten: »Na, nun gehnse mal.«

Das Problem Regenwetter beschäftigt mich also dauerhaft. Unterstellmöglichkeiten nutzen, Schirm oder Regenhaube bereithalten, nichts davon vermag Frau Paul von ihren Regenängsten zu befreien. Kein Wunder, dass ich so viel darüber nachdenken muss. Sollte es nicht möglich sein, am Rollstuhl ein ausklappbares Verdeck zu montieren, ähnlich wie beim Kinderwagen? Es dürfte natürlich nicht die Sicht des Schiebenden beeinträchtigen, müsste entsprechend flexibel sein und, und, und. Leider bleibt es bei solchen sporadischen Überlegungen, die nie bis zu einer praktikablen Konstruktionsidee reifen. Könnte da nicht ein versierter Handwerker Abhilfe leisten, vielleicht sogar ein Patent anmelden?

Frau Paul genießt unsere Spazierfahrten zu allen Jahreszeiten. Sie bewundert die Blumenpracht der Vorgärten, das Herbstlaub am Müggelsee, sie interessiert sich für die Tierwelt am Wasser. Wenn dann noch ein richtig prächtiger Sonnentag ist, machen wir am Seeufer Rast und Frau Paul wendet das Gesicht der Sonne zu. Dann sieht es aus, als würde sie die wärmenden Strahlen mit ihrem ganzen Körper förmlich aufsaugen.

Doch da sind auch die trüben Tage. Und es werden mehr im Laufe der Jahre. Die Kräfte schwinden mit dem Alter, das allgemeine Wohlbefinden lässt nach, Frau Paul fühlt sich immer öfter marode. Sie ermüdet schnell, hat kaum noch Lust, sich mit mir zu unterhalten.

Vor allem fühlt sie sich einsam. Ihre Angehörigen wohnen nicht allzu weit entfernt, aber sie kommen viel zu selten. Der Kontakt beschränkt sich fast ausschließlich auf Telefonate, in denen Frau Paul um die Auffüllung ihrer Taschengeldbörse bittet. Nur fällt ihr das Sprechen so schwer. Ich werde als Telefon-Vermittler eingesetzt, stelle die Verbindung her und erkläre, wer da am Apparat ist. Die ersten Male kann Frau Paul ihren Wunsch noch mühsam verständlich machen: »Ich brauche Geld.« Später sind ihre Stimmbänder so entwöhnt, dass sie nur noch das entscheidende Wörtchen in den Hörer krächzt: »Geld!« Laut und seltsam ruppig klingt es.

Und so tragisch der eigentliche Sachverhalt auch ist, kann ich mir doch nur mit Mühe das Schmunzeln verkneifen.

Aber kurz gesagt: Frau Paul ist lebensmüde.

An einem dieser trüben Tage kommen wir wieder einmal an der katholischen Kirche vorbei. Auf dem Vorplatz steht ein großes Kreuz mit einer Jesusfigur, für Frau Paul offenbar der geeignete Ansprechpartner, denn plötzlich ruft sie fordernd: »Ich will sterben, hörst du?! Schnell!« Es ist wohl ihr letzter Wunsch.

Ein paar Wochen später stellt sie an gleicher Stelle voller Enttäuschung fest: »Kannst mir meinen Wunsch wohl nicht erfüllen, was? Nicht mal der liebe Gott steht mir noch bei.«

In den folgenden Monaten wird sie schwach und immer schwächer. Nach einer Lungenentzündung ist sie endgültig ans Pflegebett gebunden. Spazierfahrten sind nun nicht mehr möglich.

Bei meinem letzten Besuch sitzt sie kerzengerade, wohl mit letzter Kraft aufgerichtet und gestützt, in ihrem Bett, um sich wieder einmal frisieren zu lassen. Ich komme also gerade etwas ungelegen. Ihre Stimme ist kaum noch verständlich, als sie mich entlässt: »Na, nun gehnse mal!« Der Satz ist mir vertraut. Es bleiben ihre letzten Worte für mich. Kurz darauf hat der liebe Gott dann doch noch ein Einsehen.

Entkapselt

Die Frau wirkt alt, vom Leben gebeugt. Das ist mein erster Eindruck. Dabei kann sie keine vierzig Jahre alt sein, denn ihr Gesicht ist noch jung. Es muss der mausgraue Mantel sein, der sie so alt macht. Der dunkelgrüne Schal, den sie sich um die Schultern geschlungen hat. Die derben, schmucklosen Schuhe. Sie wartet vor der Anlaufstelle für Trauernde, bis ich sie hereinbitte.

»Barbara Kammacher«, stellt sie sich vor. »Ich würde gerne mal mit Ihnen reden, weil …« Sie zögert. Sogar ihre Augen sind dunkel und seltsam farblos. »Ich hab da einen Vortrag gehört, es ging um eingekapselte Trauer.«

So kommen wir ins Gespräch. Aus irgendeinem Grund habe das Thema sie angesprochen, erzählt sie mir. Eingekapselte Trauer. Jetzt kommen ihr plötzlich die Tränen. Sie kramt ein Taschentuch aus ihrer grauen Strickjacke, putzt sich die Nase. Der Tod ihrer Mutter liege nun schon sieben Jahre zurück, fährt sie fort. Aber erst vier Jahre später habe sie weinen können.

Sie schüttelt hilflos den Kopf. »Ich verstehe das nicht. Warum so spät?«, fragt sie leise. »Das ist doch so was wie eingekapselte Trauer, oder?« Sie würde deswegen gerne Hilfe in Anspruch nehmen, sagt sie, und streicht sich mit unsicherer Geste das mattbraune Haar aus der Stirn. »Ich glaube, dass ich Hilfe brauche. Obwohl ich gar nicht weiß, ob ich hier an der richtigen Stelle bin. Ob es das ist, was mich so …« Sie hält inne, zuckt die Achseln. Sie sehe sich selbst unter einer Glasglocke sitzen, sagt sie. Alles um sie herum sei irgendwie gedämpft. Da gebe es weder Platz für tiefes Leid noch für ausgelassene Freude. Beide Gefühle seien ihr im Laufe der Jahre ganz fremd geworden.

»Dabei war ich eigentlich immer ein lebensfroher, ziemlich aktiver Mensch.« Sie lächelt traurig. Aber jetzt seien ihre Tage geprägt von Lustlosigkeit, Betäubung und Unzufriedenheit mit sich selbst.

In diesem ersten Beratungsgespräch stellt sich heraus, dass die Krankheit und der Tod der Mutter für Frau Kammacher in eine Zeit gefallen waren, in der sich in ihrem eigenen Leben gerade sehr vieles veränderte. Einerseits versuchte sie gerade, sich eine eigene berufliche Existenz aufzubauen. Andererseits kriselte es in ihrer Partnerschaft.

»Ich glaube, ich wollte es einfach nicht wahrhaben, dass meine Mutti bald sterben wird. Aber natürlich habe ich sie immer wieder besucht.« Sie atmet tief ein. »Und ich war auch dabei, als sie gestorben ist.«

Kurze Zeit später brach auch der Rest zusammen, der Job und die Ehe. Nun war sie plötzlich ganz allein. Fühlte sich nirgends mehr zuhause. Wechselte ruhelos verschiedene Anstellungen und Wohnorte. »Das war eine schwere Zeit«, sagt sie und stützt das Gesicht in die Hände. »Eine schreckliche Zeit.«

»Offenbar hatten Sie damals gar keine Gelegenheit … gar keinen Raum für ihre Trauer.«

Sie senkt nachdenklich den Kopf. »Nein, wohl nicht.«

»Aber jetzt könnten Sie doch trauern«, überlege ich laut. »Jetzt hat sich das alles doch einigermaßen beruhigt, oder?«

»Schon …«, nickt sie, sichtlich ratlos.

»Warum betrachten Sie sich nicht als jemand, der ganz frisch trauert?«, schlage ich vor. »Vor sieben Jahren ging es nicht, aber jetzt könnten Sie es sich doch erlauben, Ihre Trauer auszuleben.«

»Wie soll das gehen?« Sie runzelt die Stirn.

»Wie wäre es, wenn Sie zu Ihrer Mutter auf den Friedhof gingen?«, überlege ich laut.

»Der ist viel zu weit weg«, seufzt sie. »Aber es ist schon richtig, ich brauche wohl einen Ort …«

»Dann müssen wir uns eben etwas anderes ausdenken.«

Jetzt lassen wir unseren Ideen freien Lauf.

Als Barbara Kammacher das zweite Mal zu mir kommt, fällt mir sofort ihr knallroter Schal ins Auge.

»Ich habe meinen Balkon umgestaltet«, erzählt sie mir, kaum dass wir uns gesetzt haben. »Zu einer Oase für die Seele. Das hilft.«

Heute wirkt ihr Lächeln zufrieden. Nicht glücklich, aber immerhin.

»Und ich male endlich wieder«, fügt sie hinzu. »Ich male meine Gefühle auf die Leinwand. Danach sind sie zwar immer noch in mir drin, aber es lässt sich leichter damit umgehen.« Sie baue nun auch neue Freundschaften auf, berichtet sie weiter. Außerdem achte sie mehr auf ihr Äußeres. Dann sagt sie ganz leise: »Ich lerne ganz langsam wieder zu leben.«

Bei unserem dritten Treffen ist nicht nur die Kleidung farbenfroher geworden. Frau Kammacher hat sich auch geschminkt.

»Sie haben mir doch letztes Mal diese Broschüre gegeben«, beginnt sie sofort. »Darin geht es um Symbolhandlungen des Abschiednehmens, und darum, dass man sich in der Familie gegenseitig Halt gibt, Sie wissen schon …?«

Ich nicke, warte ab.

»Als ich das las, sind mir die Tränen gekommen«, sagt sie. »Ich musste so weinen, das können Sie sich nicht vorstellen!«

»Was hat Sie denn so berührt?«

»Dass es das bei uns nicht gab.« Sie schaut mich sehr direkt an, und mir fällt auf, dass ihre Augen gar nicht mehr farblos, sondern tiefblau sind. »Alles, was mit der Beisetzung zusammenhing, hatte meine Schwester übernommen. Sie hatte das Zepter in der Hand. Ich stand bloß daneben.«

»Aber hätten Sie Ihre Wünsche denn nicht einbringen können?«

Sie schüttelt den Kopf. »Ich hatte nicht die Kraft«, gesteht sie. »Ich war zwar dabei, aber wie gelähmt. Ich habe nichts beitragen können. Fast nichts.« Ein kleines Lächeln schleicht sich in ihre Mundwinkel. »Da stand ein Bild, ein Foto meiner Mutter. Der Pfarrer hielt seine Trauerrede, und ich musste immer auf dieses Bild gucken, weil es ganz auf der Kante stand. Fast wäre es umgekippt. Also bin ich hingegangen und hab es zurechtgerückt. Das hat mir gut getan.« Sie seufzt vernehmlich. »Alles andere nicht.«

Sie weiß, dass sie jetzt eine positive Erinnerung an ihre Mutter für sich sucht, die nicht von den Todes- und Bestattungsumständen überschattet wird. Und auf dieser Suche will sie ihren ganz eigenen Weg gehen. Unabhängig von ihrer Familie.

Für mich ist es faszinierend, Frau Kammacher zu begleiten, weil ich keinen Menschen kenne, der mit so viel Energie und so bewusst seinen Trauerweg gestaltet hat, und bei dem gleichzeitig die innere Entwicklung so sehr nach außen strahlte.

Die junge Frau, die vor der Anlaufstelle für Trauernde wartet, wirkt fröhlich und selbstbewusst. Ihre schicke, farbenfrohe Aufmachung unterstützt den Eindruck noch. Dies ist ihr letzter Beratungstermin. Barbara Kammacher hält Rückschau, was seit unserem ersten Treffen alles passiert ist. Zum Schluss zeigt sie mir ein Foto von sich selbst. Es wurde vor gut zwei Jahren aufgenommen, in der Zeit, als es ihr ganz schlecht ging. Die Frau auf diesem Bild ist eine ganz andere als die, die mir jetzt gegenübersitzt und mir strahlend eine selbstgemachte Dankeskarte überreicht. »Ich nehme jetzt wieder am Leben teil«, sagt sie. »Etwas Besseres kann es gar nicht geben.«

Urnenparty

Zuerst verstarb mein Mann. Wenige Monate später, ganz überraschend, auch mein Vater. Seitdem ist eines für mich klar: Ich möchte nie wieder völlig unvorbereitet mit dem Sterben und den Notwendigkeiten einer Beisetzung konfrontiert sein!

Beide Male fragte die Bestatterin nach meinen Wünschen – und ich stand da, mit ratloser Miene und vielen offenen Fragen. Was hätte sich der Verstorbene gewünscht? Welche Musik hätte ihm gefallen? Hätte er eine Trauerfeier gewollt? Und wenn ja, wie sollte sie ausgestattet sein?

Die Ausbildung zur Hospizbegleiterin half mir, mich mit dem Thema vertraut zu machen. Ich lernte einerseits, mich damit auseinander zu setzen, und gleichzeitig konnte ich anderen Menschen helfen, und zwar sowohl den Sterbenden als auch den Angehörigen, die sich oft in einer ähnlich hilflosen Situation befanden wie zuvor ich.

Wenn ich bei den Sterbenden saß, kreisten meine Gedanken aber auch häufig um den eigenen Tod. Wie wünsche ich mir meine letzte Lebensphase? Und was soll nach meinem Tod geschehen? Mir wurde klar, dass ich diese Entscheidungen niemand anderem zumuten kann. Ich will selbst entscheiden. Und ich will wissen, was auf mich zukommt.

Also machte ich einen Termin bei der Bestatterin. Dort schloss ich einen Bestattungsvorsorgevertrag ab. Ich suchte mir meinen Sarg, mein Totenhemd und meine Urne aus, wählte weiße Rosen als Blumenschmuck, buchte einen Redner und einen Trompeter. So, das war erst mal geschafft!

Allerdings kam mir bald darauf der Gedanke, dass es doch eigentlich schade wäre, wenn ich meine Urne erst bei der Beisetzung wieder sehen würde – also streng genommen gar nicht. Deshalb rief ich die Bestatterin an und fragte, ob es möglich sei, die Urne schon vorher zu bekommen.

Ja, es war möglich. Prima. Ich fuhr hin und holte sie ab.

Nun war ich im Besitz meiner wunderschönen Urne: kobaltblau mit einem Mond und goldenen Sternen drauf, wie das Himmelsgewölbe. Ich freute mich sehr. Alle meine Freunde und die Familie sollten an dieser Freude teilhaben. Eine Party musste her! Es gibt Kerzenpartys und Tupperpartys, dachte ich, warum nicht zur Abwechslung mal eine Urnenparty?!

Die Reaktionen der Eingeladenen waren sehr gemischt.

»Was soll das denn sein? Was passiert da?« Meine Freundin Annegret war misstrauisch. »Ist das nicht ein bisschen sehr skurril?!« Sie hätte auch ›makaber‹ oder ›geschmacklos‹ sagen können, das hörte ich an ihrem Ton. Ihre Vorbehalte waren groß. Und vielen anderen ging es offenbar nicht anders. Aber das störte mich nicht. Sie würden schon sehen!

Meine Nachbarin kam und entschuldigte sich. »Ich kann leider an dem Nachmittag nicht, aber Heinz würde gern zu deiner Party kommen. Wenn's dir recht ist.«

Heinz? Du lieber Himmel! Jetzt wurde mir doch ein bisschen seltsam. Heinz hatte Krebs, und die Ärzte machten ihm keine großen Hoffnungen mehr. Aber natürlich ...

»Ja, wenn er das möchte, gerne.« Ich bewunderte seinen Mut.

An einem sonnigen Julinachmittag war es so weit. Ich hatte alles sorgfältig vorbereitet. Im Garten waren die Tische mit lindgrünen Tischtüchern gedeckt. Die Farbe Grün, das hatte ich inzwischen herausgefunden, steht für Ruhe, Ausgeglichenheit, Natur und Frühling. Als Blumendekoration nahm ich Efeu, symbolisch für die Unsterblichkeit, und Rosen, symbolisch für die Vergänglichkeit. Ich dachte mir, die Pflanzen heben sich in ihrer Symbolik gegenseitig auf – also bleibt das Leben.

Ob meine Gäste das auf Anhieb erkannten? Wahrscheinlich nicht. Die meisten setzten sich zögernd. Aus dem Augenwinkel beobachtete ich Annegret, die mit kritisch hochgezogener Augenbraue das Szenario betrachtete. Auf jedem Platz lag eine dunkelgrüne Serviette mit einem Pusteblumenmotiv. Für mich macht die Pusteblume das Sterben und den Neuanfang sehr gut deutlich. Auf jeder Serviette saß ein kleiner Schutzengel.

Ich sah Heinz schmunzeln, als er das Engelchen vor seinen Teller stellte.

Zu Beginn gab es, wie bei ähnlichen Anlässen üblich, Kaffee, Kuchen und belegte Brötchen. Keinem meiner Gäste hatte es den Appetit verdorben. Sie langten alle kräftig zu.

Ich hatte auch geeignete Musik herausgesucht. Schon bei der Zusammenstellung war ich erstaunt, wie viele Lieder es gab, in denen Sterben, Tod und Trauer eine Rolle spielten.

Nun begann das eigentliche »Programm«.

Es sollte ja auch eine Art Bildungsveranstaltung werden, deshalb hatte ich die Bestatterin eingeladen. Sie brachte jede Menge Informationsmaterial und zur Anschauung auch einige Urnen mit. So konnten aufkommende Fragen gleich fachgerecht beantwortet werden. Neben Heinz' Teller lag bald ein ganzer Stapel von Prospekten. Ich fand es toll, wie gelassen er mit dem Thema umging.

Inzwischen hatten sich meine Gäste von ihrem ersten Schock erholt. Ich las ihnen ein schwedisches Märchen vor – »Was ist das Leben?« – und bat alle, sich darüber Gedanken zu machen.

Endlich erschien auch mein Bruder mit seiner Frau – eine halbe Stunde zu spät. Bloß gut, dass es erst die Generalprobe war!

Es gab auch ein Quiz: Was sind die fünf großen Weltreligionen? In Teamarbeit wurden Christentum, Islam, Hinduismus, Buddhismus und Judentum zusammengetragen. Anschließend informierte ich die Teammitglieder über Bestattungsriten und Jenseitsvorstellungen der jeweiligen Glaubensrichtung.

Später bat ich die Bestatterin, »Memento« von Mascha Kaleko vorzutragen. Ich konnte nicht selber lesen, weil ich bei diesem Text immer einen Kloß im Hals habe.

Nun war der Höhepunkt der Veranstaltung fast erreicht: der feierliche Einmarsch meiner Urne. Ich hatte sie vorher mit kleinen Likörfläschchen gefüllt. Jeder Gast musste sich ein Fläschchen nehmen. So konnte er, wenn auch nur flüchtig, schon mal erspüren, wie sich das Innere einer Urne anfühlt. Gemeinsam stießen wir auf Gesundheit und ein langes Leben an. Danach nahm Annegret gleich noch ein zweites Fläschchen. Wahrscheinlich brauchte sie die Stärkung.

Inzwischen ist fast ein Jahr vergangen. Mir ist seitdem klar geworden, dass ich mit meiner ersten hilflosen, fast überstürzt getroffenen Entscheidung über die Beisetzung meines Mannes nicht zufrieden bin. Ich möchte, dass wir später wieder zusammen liegen. Also habe ich uns eine Familiengrabstelle gekauft und einen Antrag auf Umbettung gestellt.

Heute habe ich uns einen Grabstein ausgesucht: »Indish Black«, besetzt mit Sternen und Swarowskisteinen. Darauf steht unter anderem der Spruch: »Es wurde Nacht, und ich tauchte in das Licht der Sterne.« In meinem Fall werden sich die Sterne aber noch gedulden müssen.

Der Duft des Flieders

Eine Handvoll Krokusse im Glas steht auf ihrem Nachttisch. »Die hat mir Schwester Inge gepflückt«, sagt sie. »Schön, nicht?« Sie kommt mir vor wie ein Vögelchen, das sich ängstlich im Nest versteckt. Ihr schmaler Körper zeichnet sich kaum unter der Bettdecke ab. Es ist nicht zu übersehen, dass sie seit geraumer Zeit kaum noch Nahrung zu sich nimmt. Ich besuche sie heute zum ersten Mal: Henriette Menz, vierundachtzig Jahre.

»Dann mögen Sie also Blumen?«, frage ich, noch bevor ich mich als Hospizhelferin vorstelle.

Sie nickt. »Ich hatte immer einen herrlichen Garten.« Ihre großen blauen Augen schauen mich erwartungsvoll an. Und Sie?, lese ich die unausgesprochene Frage darin.

»Na, dann haben wir etwas gemeinsam«, sage ich.

Sie schmunzelt. »Das hatte ich gehofft.«

Henriette ist vom ersten Tag an sehr gesprächig. Ich erfahre bald, dass sie zu Hause das älteste von elf Kindern gewesen ist. Ihre ganze Kindheit und Jugend hat sie mit der Beaufsichtigung ihrer Geschwister zugebracht. »Deshalb wollte ich später keine eigenen«, erklärt sie mir. »Ich war glücklich mit meinem Mann. Wir haben viele kleine Reisen gemacht. Und wir hatten ja eine gemeinsame Leidenschaft ...« Ihr Lächeln wirkt verschmitzt.

»Den Garten?«, rate ich auf gut Glück.

»Natürlich. Ein wunderschönes Fleckchen Erde.«

Nach ihren Schilderungen sehe ich die Blütenpracht förmlich vor mir, die leuchtenden Farben der Rhododendren, die Fülle der Schneebälle und die beeindruckende Größe der Dahlien im Herbst. Henriette gerät ins Schwärmen.

Aber im Laufe der nächsten Wochen fällt ihr das Sprechen immer schwerer. Und wenn ich sie frage, womit ich ihr noch eine Freude machen könne, sagt sie: »Blumen. Ich hätte so gern ein paar Blumen am Bett.«

Da ihre Geschwister, von denen nur noch zwei leben, zu weit entfernt wohnen, bekommt sie kaum Besuch. Weitere Kontakte außerhalb des Heims hat sie nicht mehr. So bringe ich ihr jede Woche etwas anderes mit, manchmal eine frühe Pfingstrose aus unserem Garten oder einen Kirschblütenzweig.

Ende April hört Henriette ganz auf zu sprechen. An einem Freitag gibt sie mir zu verstehen, dass sie beten möchte. Ich spreche das »Vater unser«, sie liegt auf dem Rücken, und ihre Lippen formen die Worte mit. Ich spüre, dass sie bald gehen wird.

»Welche Blumen soll ich denn nächstes Mal mitbringen?«, frage ich leise. Wieder bewegen sich ihre Lippen. Ich muss mich zu ihr hinunterbeugen, um sie zu verstehen.

»Flieder«, haucht sie, »lila.«

Wir haben zwar Flieder in unserem Garten, aber nur weißen. So frage ich die Nachbarin, in deren Vorgarten gerade ein wunderschöner lila Fliederbusch blüht. Sie gibt mir gern ein paar Zweige.

Am Abend gehe ich wieder in das Pflegeheim. Es liegt nur wenige Minuten von unserem Haus entfernt, sodass ein spontaner Besuch kein Problem ist. Ich freue mich schon auf Henriettes lächelnde Augen.

In ihrem Zimmer ist es so still, dass ich die Vögel durch das geöffnete Kippfenster zwitschern höre. Henriette hat den Kopf zur Seite geneigt und schläft. Ich greife nach der Vase auf ihrem Nachttisch, da öffnet sie die Augen.

»Ich hab Flieder mitgebracht«, flüstere ich und halte ihr die Dolde an die Nase. Sie atmet ein. Spitzt die Lippen. Küsst den Fliederzweig. »Schön«, sagt sie und atmet aus. Und schließt die Augen. Und schläft wieder ein.

Am nächsten Morgen, es war der 1. Mai, ruft mich Schwester Inge an. »Henriette ist nicht mehr aufgewacht«, teilt sie mir mit. »Sie ist ganz sanft hinübergegangen.«

Ein paar Minuten später bin ich bei ihr. Sie sieht aus wie immer, als ob sie etwas Schönes träumt. Und das ganze Zimmer duftet nach Flieder.

Die magische Tür

Das Zimmer ist abgedunkelt und sehr still. In der Mitte steht ein Bett, das als Krankenlager hergerichtet ist. Darin liegt ein Mann, in Schwäche zurückgelehnt, kaum ansprechbar. Ich höre ihn atmen. Höre auch das Rascheln meiner Kleidung überdeutlich, als ich dichter an das Bett herantrete. Wir sind allein in der Wohnung. Die Frau des Kranken macht Besorgungen. Sie möchte für ein paar Stunden Urlaub von der häuslichen Pflege nehmen und mal wieder etwas für sich tun.

Der Mann im Bett blickt zu mir auf. »Könnten Sie mich ein bisschen massieren?«, fragt er. »Das wäre schön.«

Ich nicke. Da seine Beine frei liegen, beginne ich sanft, seine Waden, Füße und Zehen zu bearbeiten.

»Ja, das tut gut«, seufzt er. Ich spüre, wie er sich entspannt. Bald darauf schläft er ein. Ich lausche seinen gleichmäßigen Atemzügen.

Dann gehe ich auf Zehenspitzen in den Nachbarraum, und die Stille folgt mir. Vorsichtig lasse ich mich in die Sofaecke gleiten, vermeide sogar das Knistern der Zeitung. Mein eigener Atem kommt mir ungewöhnlich laut vor.

Plötzlich erregt ein Geräusch meine Aufmerksamkeit. Es scheint aus dem Krankenzimmer zu kommen, also schleiche ich zur Tür und lausche ...

Nichts ist zu hören. Es ist wieder ganz still.

Behutsam schiebe ich die Tür auf. An der Wand gegenüber befindet sich eine Anbauschrankwand, wie sie in den 1970er Jahren groß in Mode war. Eine Schranktür steht weit offen. Der Kranke kann sie unmöglich geöffnet haben, denn er liegt noch genauso da, wie ich ihn vor wenigen Minuten verlassen habe. Aber was ist es dann gewesen?

Ich gehe hin und mache die Tür wieder zu. Verschließen lässt sie sich nicht, es gibt weder Schlüssel noch Schloss.

Kaum habe ich mich wieder in meiner Sofaecke niedergelassen, höre ich erneut das bereits bekannte schleifende Geräusch. Wieder steht die Schranktür sperrangelweit offen, der Inhalt des Schrankes liegt gut sichtbar vor meinen Augen.

Das kann ich so nicht lassen. Es wirkt irgendwie unordentlich. Außerdem könnte man denken, ich hätte den Schlaf des Kranken und die Abwesenheit der Frau ausgenutzt, um in den Schränken herum zu schnüffeln.

Schnell mache ich die Tür wieder zu. Es hilft bloß nichts.

In der Folge stelle ich fest, dass sich die Schranktür automatisch öffnet, sobald ich die Zimmertür von außen schließe. Ich versuche, eine Erklärung dafür zu finden. Mit Logik allein ist der Sache offenbar nicht beizukommen. Also gehe ich alle Komponenten durch, die als Verursacher in Betracht kommen. Jede Schwingung des Fußbodens wird untersucht. Ich wippe hier ein bisschen, hüpfe dort ein wenig. Doch selbst schnelle Schritte am Schrank entlang führen nicht zum Ergebnis. Die Tür bleibt zu. Auch wenn ich die Zimmertür von innen zumache, tut sich nichts. Begebe ich mich aber nach draußen, schwingt wie von Geisterhand geführt die eine Tür auf, während die andere geschlossen wird. Und es ist immer nur diese eine betroffen, obwohl auch alle anderen Türen den gleichen leichten Schließmechanismus haben.

Langsam wird mir mulmig zumute. Mit meiner Zeitung setze ich mich wieder in die Sofaecke, lasse die Tür zum Nachbarraum angelehnt und achte angespannt auf jedes Geräusch. Ich kann mich längst nicht mehr auf meine Lektüre konzentrieren. Stattdessen male ich mir die vorwurfsvollen Blicke der Frau aus, wenn sie den verflixten Schrank entdeckt. In Gedanken formuliere ich bereits Rechtfertigungen. Doch die hätten nicht einmal mich selbst von meiner Unschuld überzeugt.

Nach drei Stunden angestrengten Wartens höre ich, wie der Schlüssel in der Wohnungstür gedreht wird. Schnell gehe ich in den Flur. »Die Schranktür«, beginne ich sofort, »die geht dauernd auf. Ich kann gar nichts dafür …« Alles klingt wie eine Entschuldigung, dabei gibt es doch gar nichts zu entschuldigen. Ich halte erschöpft inne.

»Tja, die Schranktür«, sagt die Frau.

Ist das ein Lächeln um ihre Mundwinkel?

»Es tut mir leid, ich hätte Ihnen das vorher sagen sollen.«

Ja, sie lächelt. Schüttelt hilflos den Kopf und seufzt. »Kommen Sie, ich zeige es Ihnen.«

Erleichtert folge ich ihr zum Fenster des Krankenzimmers, vor dem ein schwerer, dunkler Vorhang hängt. Die Frau schiebt ihn beiseite. »Sehen Sie, da ist das Fenster auf Kippe. Und das verursacht irgendwie einen Sog, durch den dann die Schranktür aufgeht.«

»Ach …?«, frage ich irritiert.

»Ja«, nickt sie. »Es ist fast wie Magie.«

Jetzt lächeln wir beide.

Der Zitronenmann

Es ist der 2. Dezember, Vorweihnachtszeit. Gegen elf Uhr erreicht mich im Büro ein Anruf von den Maltesern: ob ich mir eine Begleitung bei Herrn Olbrich vorstellen könne. Durch seine Krankheit komme er kaum noch aus dem Haus und brauche dringend ein bisschen Abwechslung. Ich frage nach den Einzelheiten, sage schließlich: »Ja, warum nicht.«

Gleich nach Dienstschluss fahre ich zu Herrn Olbrich, der in einer kleinen Zwei-Zimmer-Wohnung lebt. Ich bin neugierig auf meine zweite Begleitung. Ich weiß, ich begleite diesmal einen alleinstehenden Mann.

Er öffnet mir mit einer brennenden Zigarette zwischen den Fingern. In der ganzen Wohnung riecht es stark nach Rauch. »Ja«, nickt mein Gastgeber, »der Nobse kann's Rauchen nicht lassen, obwohl's ihm nicht gut tut.« Damit meint er sich selbst, Norbert Olbrich, und spielt auf seine Krankheit an.

Im Wohnzimmer ist die Luft so dick, dass es in den Augen brennt. Für einen Nichtraucher eine ziemliche Herausforderung. »Wären Sie einverstanden, wenn ich das Fenster mal kurz aufmache, bevor wir uns setzen?«, frage ich behutsam.

»Ja, mach mal«, sagt er.

Die Winterluft, die hereinströmt, ist kalt. Sofort rührt sich mein schlechtes Gewissen. Schließlich ist er krank. »Ich lege Ihnen mal lieber eine Decke um, Herr Olbrich. Nicht, dass Sie sich noch erkälten.« Er lässt es sich gefallen. Wir gehen zum Tisch. »Wo möchten Sie denn sitzen?«

»Wo du willst«, sagt er.

Warum duzt er mich die ganze Zeit? Wir haben uns noch nicht mal richtig miteinander bekannt gemacht! Ich stelle mich vor, erzähle, was ich mache und wie ich zu den Maltesern gekommen bin. Auch dass ich verheiratet bin, sage ich ihm.

Sogleich kommt die Gegenfrage: »Bist du denn auch glücklich?« »Natürlich!«, bestätige ich. Was geht ihn das an?!

Er nickt nachdenklich. »Ich hatte nie 'ne feste Beziehung«, gesteht er. »Und jetzt mit meiner Krankheit …« Er klingt bedrückt. »Aber ich werde wieder gesund!«, sagt er dann, fast trotzig.

Ich weiß, dass das nicht stimmt, aber ich sage nichts dazu. Offenbar fällt es ihm schwer, die Krankheit zu akzeptieren. »Und wer weiß«, fährt er fort und zwinkert mir zu, »vielleicht find' ich ja doch noch die Richtige. Ich hab' mir das immer sehr gewünscht.« Er freue sich, sagt er, künftig von mir Besuch zu bekommen. Ich entspräche genau dem Bild der Frau, die er gern näher kennenlernen würde.

»Ja, haben Sie denn keine Freunde?«, frage ich, um ihn vom Thema abzulenken.

Er schüttelt den Kopf. Nein, sagt er, viele seiner Bekannten hätten sich von ihm distanziert, als er vor Jahren beschlossen habe, nach Hellersdorf, in den Ostteil der Stadt zu ziehen. »Seitdem treff' ich die so gut wie gar nicht mehr.« Er berichtet ausführlich über seinen beruflichen Werdegang, erzählt von seiner letzten Arbeitsstelle und auch, wie offen und höflich er Frauen gegenüber auftrete.

Schon wieder das leidige Thema!

Aber das Sprechen fällt ihm nach fast einer Stunde schon merklich schwerer. Er kann sich nicht mehr konzentrieren, beginnt zu stottern.

Wir einigen uns, dass ich ihn immer montags besuchen werde. Dann verabschiede ich mich. Was für eine Erleichterung, endlich dieser Räucherkammer zu entkommen! Minutenlang stehe ich vor dem Haus und atme die frische Luft. Da sehe ich Olbrich oben am Fenster. Er schaut mir nach.

6. Dezember, zweiter Besuch. Heute wirkt Herr Olbrich müde und geschafft. Sein ganzes Gesicht ist grau, nicht nur die Bartstoppeln.

Trotzdem begrüßt er mich überschwänglich: »Endlich kommt meine Schöne!«

Du lieber Himmel! Was soll ich denn davon halten?! Alles, was er sagt, kommt mir distanzlos und übergriffig vor.

»Gehst du denn auch noch zu anderen?«, will er wissen. Das Sprechen fällt ihm schwerer als beim letzten Mal. Er hat Atemprobleme. »Ich bin doch hoffentlich der Einzige, den du … begleitest?!«

Höre ich da eine Spur von Anzüglichkeit oder sind das Hirngespinste? Diesmal hat er den Tisch weihnachtlich hergerichtet. In der Mitte steht ein bunter Teller mit Naschereien. Ja, gestehe ich, momentan sei er tatsächlich der Einzige. Aber das könne sich jederzeit ändern.

Warum habe ich bei Olbrich ständig das Gefühl, dass ich aufpassen muss, was ich sage? Warum ist mir seine Neugier so unangenehm?

Er zündet sich eine Zigarette an, mustert mich wohlgefällig.

»Falls sich herausstellen sollte, dass es zwischenmenschlich nicht passt, kann so eine Begleitung auch abgebrochen werden«, erkläre ich ihm ziemlich förmlich. »Die Zeit ist viel zu kostbar, um sie zu verschenken. Sympathie und Achtung müssen bei beiden Parteien übereinstimmen. Ansonsten trennen sich die Wege.« Es klingt wie eine Warnung. Ich weiß, von meiner Seite mangelt es an Sympathie, von seiner fehlt offenbar die Achtung. Und beides hängt zusammen, eines bedingt das andere. Aber daran, überlege ich, lässt sich beim zweiten Treffen ja vielleicht noch drehen …

Er hört mir zu, zieht an seiner Zigarette und nickt. »Als du letztes Mal weg warst, hab' ich noch lange an dich denken müssen.« Diesmal bilde ich mir den anzüglichen Unterton nicht ein. Was soll man da machen? Ich hab' ihn doch in keiner Weise ermuntert, ganz im Gegenteil! Seine seltsamen Zweideutigkeiten verwirren mich. Am liebsten würde ich sofort wieder gehen.

Er hustet ausgiebig, und sein geschwächter Zustand gibt mir den Anlass. »Sie müssen sich ausruhen, Herr Olbrich«, rate ich. »Ich will sie heute auch gar nicht länger in Anspruch nehmen. Legen Sie sich doch ein wenig hin. Das Sitzen am Tisch ist anstrengend und erfordert zu viel Kraft.«

13. Dezember, dritter Besuch.
»Da ist ja meine Schöne!« Die Freude sprüht ihm aus den Augen. Von Müdigkeit keine Spur. Stattdessen gleich Vorwürfe. »Warum kommst du denn so spät? Dachte schon, du kommst gar nicht mehr!« Wegen einer Verspätung von fünf Minuten? Ist das nicht ein bisschen übertrieben?! Oder liegt hier ein Missverständnis vor? »Waren wir nicht um 15 Uhr verabredet?« Ich zeige ihm das Zifferblatt meiner Armbanduhr.

»Na ja, na ja …« Er zuckt die Achseln. »Nobse hat doch schon auf dich gewartet. Hat sich auf deinen Besuch gefreut.« Ein vertrauliches Zwinkern. Schon fühle ich mich wieder gegen meinen Willen vereinnahmt. Ob sich das in dieser Begleitung noch mal ändern wird?

»Ich komme direkt von der Arbeit«, erkläre ich ihm, »da kann ich nicht immer auf die Minute pünktlich Schluss machen.«

»Na, jetzt wo ich's weiß.« Erneutes Achselzucken. »Das versteh' ich schon.« Da habe ich ja noch mal Glück gehabt!

Später erzählt er mir, dass er früher auf der Arbeit immer den Glühwein für die Adventsfeier gemacht habe. »Wirklich lecker! Hättest du nicht Lust …« Diesmal ist er vorsichtig. »Würdest du den probieren, wenn ich uns welchen mache?« Es kämen lauter frische Zutaten hinein. Da hätte Nobse einige Wege hinter sich zu bringen. »Aber es lohnt sich! Wollen wir nächste Woche zusammen Glühwein trinken?«

»Ja, warum nicht.« Seine Begeisterung steckt mich an. Durch dieses Vorhaben hat er auch gleich eine Aufgabe, die ihn die ganze Woche über beschäftigen und herausfordern wird.

Noch später gehen wir gemeinsam zur U-Bahn. Herr Olbrich hat es so eingerichtet, dass er sich direkt nach meinem Besuch mit einem ehemaligen Arbeitskollegen trifft. Sie wollen zusammen etwas essen gehen. Auf dem Weg dorthin zeigt Olbrich mir das Wohngebiet und die Einkaufsmöglichkeiten. So lerne ich sein Umfeld näher kennen.

20. Dezember, vierter Besuch.
Schon im Hausflur rieche ich den Glühwein.
»Ich hab' uns was Gutes gebraut.« Olbrich führt mich gleich in die Küche, wo der dampfende Topf steht. Er taucht die Kelle hinein, füllt zwei Tassen mit der dunkelroten Flüssigkeit und garniert mit ein paar Mandelsplittern. »Probier mal!«
Ich nippe an meiner Tasse, will mir nicht die Lippen verbrennen. »Sehr, sehr lecker! Was ist denn da alles drin?«
Mein Lob freut ihn sichtlich. »Siehste mal! Nobse kann nicht nur reden, er kann auch Glühwein!« Er lässt sich über das Rezept aus, redet lange darüber, wie ungeheuer wichtig die richtige Weinsorte ist. »Dazu Orangenscheiben, geriebene Zitronenschale, eine Nelke, eine Prise Zimt. – Trink zu, Mädel! Es ist genug da!« Er gießt sich zuerst selber nach und hält mir dann mit auffordernder Geste die gefüllte Kelle entgegen.
Ich deute auf meine Tasse, die noch lange nicht leer ist. Er dagegen hat glutrote Bäckchen und vermutlich schon während der Zubereitung kräftig probiert.
»Was haben Sie denn zu Weihnachten vor?«, versuche ich ihn abzulenken.
Er grinst. »Nobse wird sich was Schönes kochen.« Eine Ente wolle er braten, die könne er über die Feiertage auch ganz gut alleine aufessen. Dazu Rotkohl und Klöße, ganz klassisch. Ja, Nobse sei nämlich ein guter Koch! Und auch eine Gernekoch! »Trink schneller, Mädel! Der Glühwein schmeckt am besten, wenn er noch Gehalt hat.«

»Ja«, nicke ich, »aber er ist auch ganz schön heiß.« Und ich werde ganz bestimmt nur diese eine Tasse trinken, so viel steht fest! Olbrich kippt sich die nächste Kelle in die Tasse. Ist das seine dritte? Oder schon die vierte?! Er zieht sich einen Stuhl heran, lässt plötzlich den Kopf hängen und muss sich hinsetzen. Die Wirkung des Alkohols? Seine Schultern klappen nach vorn. Plötzlich wirkt er ängstlich, fast weinerlich. Mir wird ein bisschen unheimlich bei seinem Anblick.

»Was ist denn? Herr Olbrich?«

Er tastet nach dem Zigarettenpäckchen in der Brusttasche. »Naja«, setzt er an, »mir geht gerade der Arsch auf Grundeis.« Das Feuerzeug flammt auf.

»Aber warum denn?« Dringlich. »Worum geht's denn?«

»Um mich!«, stößt er mit rauer Stimme hervor. »Um die verdammte Krankheit!« Am 3. März, erklärt er mir, solle eine große Untersuchung stattfinden. Da werde sich entscheiden, ob eine weitere Chemotherapie erforderlich sei. »Und seit ich das weiß, muss ich unentwegt daran denken.« Wahrscheinlich hat der Alkohol seine gedrückte Stimmung noch verstärkt.

Ich versuche, ihn zu beruhigen, ihm die Angst zu nehmen. Bis März gebe es ja noch einige Gelegenheiten, über die Sache zu reden, sage ich, sich damit auseinanderzusetzen. Er lacht. »Ich will nicht reden!«, blafft er verächtlich. »Ich will noch was vom Leben! Solange noch was geht! Ich will mich besaufen! Will Frauen! Will Sex! Ist das denn zu viel verlangt?!« Er sinkt vornüber, stützt das Kinn auf die verschränkten Unterarme und schließt die Augen.

»Sie sind betrunken, Herr Olbrich.« Ich greife meine Tasche. »Wir reden lieber weiter, wenn Sie wieder nüchtern sind.«

27. Dezember, 5. Besuch.

»Ich hab' mich in dich verliebt.« Wir sitzen uns am Wohnzimmertisch gegenüber. Sein Blick will meinen festhalten. »Seit du das letzte Mal hier warst, hab' ich die Stunden gezählt. Ich konnt's kaum erwarten, bis du wiederkommst.«

Ich fühle mich aufgesogen, ganz und gar vereinnahmt, schüttele hilflos den Kopf. »Herr Olbrich ...«

»Ich musste unentwegt an dich denken.«

»Das mag ja sein, aber ...« Zum Verlieben gehören doch wohl zwei, und ich bin ganz sicher nicht verliebt! »Unter diesen Umständen –«

Er lässt mich nicht ausreden. »Bitte, verlass mich nicht!«, fleht er. Seine Lippen zittern. Der Blick brennt.

»Herr Olbrich.« Ich hole tief Luft. »Ich habe mich nicht auf eine Kontaktanzeige bei Ihnen gemeldet. Ich suche keine ... Bekanntschaften!« Mein Ton ist zu grell. Ich muss mich beruhigen.

»Aber du hast mir versprochen, dass du jede Woche kommst!« Jetzt will er nach meiner Hand greifen.

»Nein, hab' ich nicht!« Ich zucke zurück, mache eine Faust. »Nicht unter diesen Umständen!«

»Du hast es mir versprochen«, wiederholt er eindringlich und starrt mich an. »Jeden Montag, hast du gesagt. Und ich hab' mich in dich verliebt.« Dann tonlos: »Du wirst dich doch an unsere Abmachung halten.«

Da klingelt das Telefon. Er greift nach dem Hörer, schaut mich unverwandt an. Dann drückt er die Lautsprechertaste.

»Hier ist Cora«, ertönt eine junge Frauenstimme. »Du hast eine Buchung um vier. Bleibt es dabei?« Allein der Tonfall verrät alles. Offenbar hat er sich diesmal sehr gründlich vorbereitet.

»Ja«, sagt er und schaut mich immer noch an. »Wir sind schon zu zweit hier. Du bist herzlich willkommen. Und dann möchte ich ...« Seine Stimme beginnt zu zittern. »... dass du mir einen bläst.« Immer noch dieser Blick, der mich festhält. Wir haben eine Abmachung, sagt der Blick. Du hast es mir versprochen! Mit heiserer Stimme äußert er weitere Vorlieben und Praktiken, steigert sich immer mehr in seine sexuellen Fantasien hinein, wird ausfallend, entwürdigend, obszön.

»Na, schön«, sagt die Telefonstimme, »wenn du zahlst ...«

Aber in meinem Kopf platzt endlich der Knoten. So nicht! schreit es da drinnen. Nicht mit mir! Für alles Mögliche habe ich Verständnis – dafür nicht! Das ist zu viel. Der Bogen ist überspannt. Jeder Mensch hat seine Würde. Der Hospizdienst ist kein Escort-Service.

»Ich gehe jetzt«, sage ich. Aber nicht: Auf Wiedersehen. Ich gehe ein für alle Mal. Mir reicht's!

»Aber ich liebe dich doch«, höre ich Olbrichs fassungslose Stimme. Doch da haste ich bereits die Treppe hinunter.

Diese Nacht schlafe ich schlecht. Die Sache lässt mir keine Ruhe. Was soll ich tun? Ich kann und will nicht mehr nach Hellersdorf fahren. Ich will das Ganze nicht mehr! Weiß nicht, wie ich mit so etwas umgehen soll.

Am nächsten Morgen rufe ich vom Büro aus bei den »Malteser-Mädchen« an. »Ich weiß gar nicht, wie ich anfangen soll –« Ich muss mich gleich räuspern, weil die Stimme versagt.

»Na, das ist doch schon ein Anfang«, sagt die Koordinatorin. »Jetzt musst du bloß noch weiterreden.«

Sie hört mir zu. Sie versteht, was ich ihr sage, und sie hat Verständnis für mich. Ich fühle mich mit meinem Problem nicht alleingelassen. Das Gespräch tut mir gut.

Die Koordinatorin wird die Begleitung von Herrn Olbrich für mich beenden. Ich habe damit ab sofort nichts mehr zu tun.

Mann, was geht es mir gut! Ich lösche Olbrichs Nummer in meinem Handy. Ich streiche alle Montagstermine, die ich bereits eingetragen hatte. Ich fühle mich wie befreit!

Um diese missglückte Begleitung für mich selbst richtig abschließen zu können, will ich beim nächsten Malteser-Sitzkreis etwas Besonderes machen. Wenn jemand gestorben ist, wird für ihn in der Runde ein Teelicht angezündet – einerseits zum Andenken an den Verstorbenen und andererseits, um der gemeinsamen Zeit auch für den Begleiter ein symbolisches Ende zu geben.

Aber Olbrich lebt ja noch. Die Begleitung wurde abgebrochen, das ist etwas anderes. Also kein Teelicht. Ich möchte etwas in den Kreis stellen, das mein Verhältnis zu Olbrich symbolisiert. Spontan denke ich: Mandeln! Denn diese Angelegenheit hatte einen extrem bitteren Beigeschmack. Aber ich habe keine Mandeln im Schrank, und die Zeit drängt bereits. Ich muss los. Da fällt es mir plötzlich ein: Unser Symbol ist die Zitrone. Ich bin sauer auf ihn! Und wie sauer! An diesem Abend lege ich die Zitrone in den Kreis. Und es geht mir gut dabei.

Ich bin ihn endlich los, den Zitronenmann!

Der Kaktus mit den Knöpfen

Ich kenne dieses alte Haus. Es hat sich kaum verändert in all den Jahren. Der große Walnussbaum im Garten, das Vogelhäuschen in der Astgabel. Die drei Stufen zur Veranda. Selbst der Putz blättert wie eh und je. Und der morsche Lattenzaun, vor dem ich stehe und warte, braucht immer noch dringend einen Anstrich. Unsere Koordinatorin hat mich herbestellt. Es geht um eine neue Begleitung. Die Adresse kam mir am Telefon schon so bekannt vor, das machte mich neugierig. Ich bin viel zu früh losgefahren, wollte unbedingt Gewissheit haben.

Es ist dasselbe alte Haus. Die wassergeschliffenen Ostseesteine als Beeteinfassung. Die wuchernde Glyzinie am Regenrohr – oder war es damals noch ein Knöterich? Hier bin ich als Schulkind fast täglich aus- und eingegangen. Wie lange ist das jetzt her? Gute fünfzig Jahre. Hier wohnte Lauras Tante Hilly.

Wir gingen zu ihr, um gemeinsam Hausaufgaben zu machen. Aber es endete immer damit, dass wir stundenlang mit Tante Hillys riesiger Knopfsammlung spielten. Der Schatz wurde in einer großen Blechbüchse aufgewahrt, hunderte von Knöpfen aus Kunststoff oder Glas, Holz, Perlmutt und Elfenbein. Damit legten wir Muster oder spielten Mühle, während Tante Hilly nähte. Verdiente sie damit ihren Lebensunterhalt? Nein, ich glaube, sie war Lehrerin. Genau weiß ich es nicht mehr. Aber das stetige Surren der Nähmaschine klingt mir jetzt noch in den Ohren.

Da kommt die Koordinatorin. Sie winkt schon von Weitem.

Das Gartentor quietscht noch immer. Auch das rostige Schnarren der Klingel ist noch dasselbe. Jetzt nähern sich drinnen im Flur schlurfende Schritte. Und natürlich klemmt die Tür beim Öffnen. Das tat sie ja immer schon.

Tante Hilly ist ein bisschen kleiner geworden seit unserem letzten Treffen. Ich bin inzwischen einen halben Meter gewachsen. Der Blickwinkel hat sich verändert, die Tante nicht. Weiße Löckchen umrahmen das zerfurchte Gesicht. Für mich war sie ja immer schon alt, jetzt ist sie nur noch etwas älter. Ich rechne schnell nach. Tatsächlich, sie muss jetzt 98 sein.

Hellwache, neugierige Augen schauen uns entgegen.

»Ach, Sie sind das«, sagt sie, als die Koordinatorin uns vorgestellt hat.

Sie meint damit den Besuch vom Hospizdienst, den sie sich gegen ihre Einsamkeit bestellt hat. Die alten Freunde sind mittlerweile alle gestorben, und die Haushaltshilfe spricht vor allem Polnisch, mit der ist nicht gut Plaudern.

»Kommen Sie doch rein«, sagt Tante Hilly. Es ist derselbe Tonfall, in dem sie früher noch hinzugefügt hätte: »Aber macht mir ja nichts schmutzig!« Heute sagt sie stattdessen: »Kristina hat uns Kaffee gemacht.« Die Ansage duldet keinen Widerspruch, so ist Tante Hilly nun mal. Einmal Lehrerin, immer Lehrerin.

Natürlich erkennt sie mich nicht. Sie hat mich ja auch nicht erwartet. Erst als ich mich nach Laura erkundige, wird ihr klar, wer da so unverhofft über ihre Schwelle getreten ist.

»Bist du nicht Greta? Nein, dass wir uns nochmal wiedersehen!« Sie klatscht in die Hände, freut sich sichtlich. »Ihr habt doch immer so gerne mit meinen Knöpfen gespielt, Laura und du. Einmal habt ihr sie alle auf meine schöne Madagaskar-Palme gesteckt, und die hat danach alle Blätter verloren.« Oha, das hatte ich völlig vergessen!

»Wie geht es Laura denn?«, lenke ich eilig ab.

Tante Hilly zuckt die schmalen Schultern. »Ich weiß es nicht. Hab' sie seit Jahren nicht gesehen.« Der traurige Unterton ist nicht zu überhören. »Sie wohnt in Frankreich.«

Im Wohnzimmer die altvertrauten Häkeldeckchen. Sogar die Nähmaschine ist noch da. »Aber ich nähe nicht mehr. Die Augen machen nicht mehr mit.«

Die verglaste Veranda ist vollgestopft mit Pflanzen aller Art. Tante Hilly hatte schon immer einen »grünen Daumen«. Das Grünzeug wurde mehr und mehr. Sie konnte sich nicht davon trennen.

Da steht auch die Madagaskar-Palme, riesig und kahl. Ich hätte nie gedacht, dass ein Kaktus so alt werden kann.

»Ja, schau sie dir an«, sagt Tante Hilly, »die hat seit damals nie wieder auch nur ein einziges Blatt bekommen!« Aber sie lächelt ihr gutmütiges Lächeln, also ist sie mir wohl nicht wirklich böse.

Es ergibt sich wie von selbst, dass ich von nun an wieder zweimal wöchentlich zu Tante Hilly gehe. Fast kommt es mir so vor, als wären die alten Zeiten zurückgekehrt, nur dass ich nicht zum Hausaufgabenmachen komme. Und Laura fehlt natürlich.

Ich bitte die Tante um ihre Adresse und schreibe einen Brief. Die Antwort lässt nicht lange auf sich warten.

»In vier Wochen kommt Laura nach Berlin! Was sagst du dazu, Tante Hilly?« Sie strahlt. Ja, das sind schöne Aussichten. Darauf kann sie sich freuen, das gibt ihr Auftrieb. Denn es geht ihr in letzter Zeit nicht gut. Ihre Kräfte lassen nach, sie schläft viel. Nichts ist mehr wirklich wichtig. Nur die Pflege ihrer Pflanzen behält sie im Blick. »Denn die können ja nichts dafür«, erklärt sie mir. »Steck mal den Finger in die Erde, ist sie noch feucht?«

Besonders die Madagaskar-Palme hat es ihr angetan. »Die hab' ich von Walter bekommen«, erzählt sie mir eines Tages. »Der hat mir einen Heiratsantrag gemacht. Mit einem Kaktus. Es gab wohl gerade nichts anderes.« Das Schmunzeln vertieft die Falten um ihre Mundwinkel. »Ich hab' ihn auch wirklich lieb gehabt, den Walter. Aber wenn ich ihn genommen hätte, dann wär'n ja auch Kinder gekommen, und ich hätte meinen Beruf nicht mehr ausüben können. Das wollt' ich nicht.« Das Lächeln verfliegt. Mit nachdenklicher Miene schaut sie auf den großen Kaktus. »Heute denke ich manchmal, ob das vielleicht ein Fehler war. Vor allem das mit den Kindern. Ich hatte sie ja in der Schule, aber das ist nicht dasselbe. Und euch beide hatte ich auch immer so gerne um mich.«

Bald darauf ruft Laura an.

»Sie kommt morgen, Tante Hilly. Ich backe uns Kuchen.«

»Wunderbar! Ich hole die Knopfsammlung raus«, lacht sie.

Am nächsten Tag fallen wir drei uns in die Arme. Dem Gefühl nach hat sich nichts verändert, nicht mal der Blickwinkel. Die alte Vertrautheit ist sofort wieder da, aber es gibt natürlich viel zu erzählen. So viel, dass Tante Hilly dabei einschläft. Laura bittet mich, am nächsten Tag wiederzukommen, da sie nur übers Wochenende bleiben kann. So verbringen wir drei aufregende Tage, eine müde aber glückliche Tante Hilly in unserer Mitte.

»Für sie ist das alles sehr anstrengend, oder?«, fragt Laura, als die Tante wieder einmal eingedöst ist.

»Na, sie wird bald 99«, gebe ich zu Bedenken, »oder vielleicht auch nicht.«

»Du meinst …?«

»Kann gut sein«, nicke ich.

Daraufhin telefoniert Laura mit ihrer Firma und bittet um eine Woche Urlaub, um noch bleiben zu können. Wir sitzen viel zusammen, und Tante Hilly sitzt dabei. Es kommt mir vor, als hörte ich die Nähmaschine wieder surren.

Am Tag vor Lauras Abreise finden wir Tante Hilly morgens leblos in ihrem Bett. Die Sonne scheint ins Zimmer, Staubkörnchen tanzen in ihren Strahlen. Tante Hilly ist einfach nicht mehr aufgewacht.

Als Laura den Haushalt auflöst, fragt sie mich, ob ich nicht zur Erinnerung die Madagaskar-Palme zu mir nehmen möchte.

»Du weißt schon, den Kaktus, auf den wir die Knöpfe gesteckt haben.« Natürlich weiß ich. Aber kennt sie denn auch die Geschichte von Walter und seinem stacheligen Heiratsantrag?

»Oje, dann ist es ja umso schlimmer, dass das Ding nach unserer Knopfattacke nie wieder ein Blatt produziert hat.«

Ich stecke den Blumentopf in eine Plastiktüte, umwickle die Stacheln mit Lappen und lade die Säulenmumie in meinen Kombi. Zuhause bekommt sie zum Ausgleich für diese Strapaze einen größeren Topf und einen Ehrenplatz im Wintergarten. Mit jedem Gießen denke ich an Tante Hilly.

Zwei Tage vor Weihnachten entdecke ich etwas Hellgrünes, das aus der silbrigen Kaktusspitze ragt. Das muss ich mir genauer ansehen, also hole ich einen Stuhl. Tatsächlich, da treiben Blätter aus den Stacheln: fünf, sechs, sieben an der Zahl. Ich mache ein Foto und schicke es Laura. »Ein Gruß von Tante Hilly«, schreibe ich dazu. »Wo immer sie auch ist, es geht ihr gut. Sie hat ihren Frieden gemacht, und wir bleiben in Kontakt, ja?«

Inzwischen hat der Kaktus noch mehr Blätter bekommen, und immer wieder werden Erinnerungen wach an eine alte Dame, die all ihre Liebe uns Kindern gab.

Liebe Regine,

du weißt, ich war schon über dreißig, als ich in den italienischen Alpen Skifahren lernte. Wir waren mit zwanzig Leuten angereist. Du warst meine Skilehrerin – und eine meiner besten Freundinnen. Egal, ob die Piste flach oder extrem steil angelegt war, du fuhrst immer mit demselben Schwung und Tempo vor mir her. Ich versuchte, hochkonzentriert in deiner Spur zu bleiben. Auf dich war Verlass. Immer der gleiche Rhythmus: links, rechts, links. Schwung, Schwung, Schwung. So schafften wir jeden Tag viele traumhafte Talabfahrten, einzig unterbrochen von einigen Pausen in einer Skihütte mit sagenhaft leckerem Cappuccino.

Der Grund, warum wir nicht mit allen anderen fuhren, war nicht nur mein begrenztes Können. Es lag auch daran, dass du dich nicht wohl fühltest. Seit einigen Tagen hattest du Schmerzen in der Magengegend. Und es sollte nicht besser werden. Schon kurz nach unserem Skiurlaub kam die Diagnose: Bauchspeicheldrüsenkrebs. Bei meiner Recherche im Internet erfuhr ich, dass die durchschnittliche Lebenserwartung danach noch acht Monate beträgt.

Du hast die kurze Zeit, die dir blieb, mit demselben vertrauten Schwung gemeistert, wie die Piste so das Leben. Bist gleichmäßig und bestimmt durch alle Phasen des Sterbens geglitten. Zuerst wolltest du es nicht wahrhaben. Dann kam die Wut, dann das Verhandeln, das in ein tiefes Nachdenken überging. Schließlich das Loslassen. Und bei allem hast du versucht, die Familie und deine Freunde in der Nähe zu behalten.

Selbstbestimmt wie dein Leben war auch dein Sterben.

Schon bald hast du alle Therapien abgelehnt. Und alles, was deiner Ansicht nach wichtig war, noch geregelt. Eine starke Persönlichkeit warst du, bis zum Schluss.

»Ich bereue nichts«, hast du zu mir gesagt. »Und ich vermisse auch nichts.« Kein Wunder, denn du hast immer getan, wozu du

Lust hattest, nie etwas aufgeschoben für später. Als hättest du es schon geahnt. »Mein Leben ist so angefüllt mit Erlebnissen«, sagtest du, »das würde für drei Frauen reichen. Darum werde ich früher gehen. Das ist in Ordnung.«

Traurig warst du eigentlich nur, dass du deine Enkeltochter nicht aufwachsen sehen würdest. Aber du hattest Vertrauen in deine Tochter, konntest auch hier loslassen.

Du warst neugierig auf den Tod. Was wohl danach käme? Wir haben so viel darüber geredet. Stundenlang. »Es tut mir gut, mit dir zu sprechen«, hast du gesagt. »Gerade über diese Dinge, über die die anderen lieber nicht reden wollen. Du kannst das gut.« Du hast gelächelt. Und genickt. »Wie wär's?«, hast du gefragt. »Willst du das nicht häufiger machen? Auch für andere Menschen?«

Unser Gespräch liegt inzwischen über zehn Jahre zurück.

Ich habe damals gleich die Ausbildung zur ehrenamtlichen Sterbebegleiterin beim Malteser Hospizdienst gemacht. Viele Sterbebegleitungen liegen seitdem hinter mir. Sicher werden auch noch viele folgen.

Jedes Jahr mache ich Skiurlaub in den italienischen Alpen. Dann nehme ich dich in Gedanken die Talabfahrt mit hinunter. Ziehe mit deinen regelmäßigen Schwüngen über die Piste – und manchmal auch durchs Leben. Danke, liebe Regine!

P.S. Deine Enkeltochter ist großartig. Sie hat deine Augen. Du wärest sehr stolz auf sie.

Ein Unbekannter namens Müller

Sein Gesicht wirkt jugendlich, er hat eine ganz glatte, fast gläserne Haut. Etwas Abwechslung soll ich ihm bringen, hat mir die Pflegedienstleiterin gesagt. Seine Einsamkeit überbrücken. Er hat sonst niemanden, der ihn besucht. Ständig allein liegt er in seinem Bett und starrt an die Zimmerdecke. Kommunikation ist kaum noch möglich. Die Verständigung läuft über Gesten und Gutturallaute. Worte kann ich ihm nur selten entlocken, doch das liegt sicher auch an der Beatmungskanüle.

Trotzdem rede ich mit ihm, biete ihm viele verschiedene Themen an, um ihn von seiner bedauernswerten Situation abzulenken. Das wird allerdings zunehmend schwieriger, so ganz ohne Informationen über sein Leben und seine Gewohnheiten. Eigentlich kenne ich nicht viel mehr als seinen Namen: Georg Müller.

Ich frage die Stationsschwester nach ihm. Sie schüttelt den Kopf. Nein, sie wisse auch nichts weiter. In seinem Schrank liege eine Aktentasche mit Unterlagen, sagt sie. Die Tasche und einige Kleidungsstücke seien sein einziger, dürftiger Besitz. Gemeinsam beschließen wir, uns die Dokumente anzuschauen. Vielleicht lässt sich dadurch mehr über den Menschen Georg Müller erfahren. Möglicherweise finden sich Anknüpfungspunkte für ein Gespräch.

In den Papieren steht, wo Herr Müller gewohnt und wo er gearbeitet hat. Das gibt für eine Unterhaltung nicht viel her. Außerdem ist dort ein längerer Aufenthalt in der Psychiatrie dokumentiert. Doch den will ich nicht unbedingt zum Gesprächsstoff machen, weil ich annehme, dass ihm das unangenehm wäre.

Ich setze mich auch mit dem Betreuungspfleger in Verbindung, der sich um Herrn Müllers Angelegenheiten kümmert. Nein, sagt der bedauernd, er könne mir da auch nicht weiterhelfen.

Kurz darauf stirbt Herr Müller.

Ich habe ihn ein halbes Jahr lang jede Woche besucht. Er ist mir trotzdem fremd geblieben.

Die Beisetzung wird anonym auf der grünen Wiese stattfinden. Gemeinsam mit dem Sozialamt ist alles in die Wege geleitet worden. Ich stelle mir vor, wie die Urne von ein paar Friedhofsangestellten in die Erde gesenkt werden wird, und da ist niemand, der dem Verstorbenen das letzte Geleit gibt. Deshalb bin ich gekommen. Es ist ein sonniger Tag. Das Blätterdach der Platanen beschattet die Wege und Grabstellen des parkartig angelegten Friedhofs. Lauter gepflegte kleine Orte der Erinnerung. Nur ich bin für einen hier, an den sich keiner mehr erinnert.

Ich stehe vor der Trauerhalle und warte.

In Sichtweite sammelt sich eine stetig wachsende Gruppe von Trauernden, die schließlich langsam näherkommt. Jetzt höre ich auch ihre verhaltenen Gespräche. Alle sind bestens gekleidet und tragen große Blumengebinde. Das scheint mir recht gut zu der auffälligen Menge glänzender, dunkler Luxuswagen zu passen, die mir vorhin auf dem Parkplatz ins Auge gefallen sind.

Habe ich mir für die Beisetzung den falschen Termin notiert? Verunsichert gehe ich zum Schaukasten, um mich zu vergewissern. Zwei Bestattungen zur gleichen Zeit, das scheint mir unmöglich. Und hier steht es ja auch schwarz auf weiß: An diesem Tag soll nur einer zu Grabe getragen werden.

Jetzt spreche ich einen der vornehmen Trauernden an. »Wollen Sie auch zur Beisetzung von Herrn Müller?«

»Ja, schon …« Der Mann mustert mich irritiert. »Und wer sind Sie? Woher kannten Sie Georg?«

Ich erzähle es ihm.

»Ach?! Aber warum haben Sie uns denn nicht Bescheid gegeben?!«, fragt eine Frau in vorwurfsvollem Ton. »Es wusste ja keiner, wo Georg abgeblieben war!«

Ich schüttele betrübt den Kopf. »Und ich wusste nicht, dass es jemanden gibt, dem ich hätte Bescheid geben können.«

Wie sich herausstellt, hatte Georg Müller in seiner Betreuungsvollmacht festgelegt, dass niemand über seinen Aufenthaltsort oder seinen Zustand informiert werden darf. Daran hat sich der Betreuungspfleger bis zum Todeszeitpunkt gehalten. Als dann die Pflegschaft endete, waren auch die verfügten Festlegungen nicht mehr relevant. Also hat er die Verwandtschaft in Kenntnis gesetzt.

Ein Trauerzug von mehr als zwanzig Leuten formiert sich hinter den Urnenträgern und erweist Georg Müller die letzte Ehre. Nun bekommt er auch noch jede Menge Blumengrüße, denke ich. Und schmunzele.

Glücklich ist, wer vergisst ...

Die alte Frau sitzt reglos, den Blick aus dem Fenster gerichtet. Draußen fällt der Novemberregen auf die kahlen Äste einer Kastanie. Es ist dämmrig im Zimmer. Eigentlich müsste man das Licht einschalten.

»Die trübe Jahreszeit schlägt meiner Mutter in letzter Zeit sehr auf's Gemüt«, erklärt mir die Tochter. Sie umfasst den schmalen Unterarm der Mutter, drückt ihn. »Und leider ist sie ja auch immer sehr viel allein, da geht ihr manchmal jedes Zeitgefühl verloren. Nicht, Mutti?«

Frau Sibelis blickt noch immer aus dem Fenster. Sie ist 86 Jahre alt und leidet stark unter einem Unterkiefer-Karzinom. Trotzdem lebt sie allein in ihrer Wohnung, wo sie von den Angehörigen versorgt und gepflegt wird.

»Ich bin ja ganztags berufstätig«, sagt die Tochter. In ihrer Stimme schwingt ein entschuldigender Unterton. »Deshalb ist es gut, dass Sie jetzt kommen. Da hat sie mal ein bisschen Abwechslung. Nicht, Mutti?«

Frau Sibelis nickt kaum merklich. Draußen auf der Kastanie hat sich eine Amsel niedergelassen und putzt ihr nasses Gefieder.

»Sie machen das ehrenamtlich?«, fragt die Tochter, sichtlich bemüht, ein Gespräch in Gang zu bringen. Und als ich nicke: »Schau mal, Mutti, das ist Herr Cadenbach, der kommt jetzt jeden Mittwoch zu dir.«

Frau Sibelis beobachtet den Vogel, der seine Flügel spreizt und wegfliegt. Dann senkt sie den Blick auf ihre Hände, die sie im Schoß gefaltet hält. Mit rundem Rücken sitzt sie da, als würde sie jeden Moment einschlafen. Ob es mir wohl gelingen wird, sie aus ihrer Apathie heraus zu holen? Irgendwie zu ihr durchzudringen? Ich beginne nach Rückfragen zu erzählen: von meiner derzeitigen ehrenamtlichen Tätigkeit, meinen Interessen, meinem Beruf. Sogar von meinem Studium in Dresden berichte ich flüchtig.

»Dresden?« Frau Sibelis hebt plötzlich den Kopf. »Kennen Sie das Operettentheater in Leuben?« Ich merke, wie schwer ihr das Reden fällt. Aber sie neigt sich ein wenig vor und wirkt auf einmal höchst lebendig und interessiert. »Waren Sie mal da, in Dresden-Leuben, im Operettentheater?«

»Ja, schon«, nicke ich.

»Haben Sie unsere Vorstellungen besucht?« Die Neugier steht ihr ins Gesicht geschrieben.

»Ja, das auch«, gebe ich zu. Ich ahne bereits, worauf das Ganze hinausläuft, beiße mir verstohlen auf die Unterlippe. Ich bin kein begeisterter Operettenliebhaber. In meiner Studentenzeit war ich vielleicht zwei- oder dreimal im Leubener Theater. Aber Frau Sibelis ist offensichtlich so erfreut über meine Antwort, dass ich das lieber verschweige.

»Ich war dort Sängerin«, sagt sie, und ich höre den Stolz in ihrer Stimme. »In jungen Jahren.«

»Und getanzt hast du auch«, ergänzt die Tochter. Wieder tätschelt sie den Arm der Mutter. Die nickt. Und schmunzelt dazu.

Ein schnell herbeigeholtes Fotoalbum dokumentiert das Gesagte. Es enthält Bilder der Künstlerin in den besten Jahren, mal als Gräfin Mariza mit Fächer und Blumenschmuck im aufgesteckten Haar, mal in hochgeschlossener Seide im »Land des Lächelns«. Ein ganzseitiges Schwarzweißfoto zeigt sie im Duett mit einem Herrn im Frack. Beide sind voll sichtbarer Inbrunst in ihren Vortrag vertieft.

»Das war die Fledermaus.« Frau Sibelis spricht sehr leise und lächelt dabei. Für einen Moment ist es ganz still im Raum.

Dann sehe ich, wie die alte Frau sich mit einem Mal ganz gerade aufsetzt, wie sie das Rückgrat␣strafft, die Luft in ihren Brustkorb zieht und den Hals ein wenig streckt. Sie nimmt die Pose der professionellen Sängerin ein. Alles ist noch da, ist ihr noch vertraut. Sie schlüpft in die Rolle. So etwas verlernt man nicht, es bleibt. Und im nächsten Moment singt sie: »Glücklich ist, wer vergisst …« Der Ton ist rau. Sie räuspert sich. »… was doch nicht zu ändern ist.« Die Stimme trägt nicht mehr, lässt nur noch vage␣ahnen, dass sie in der Tonhöhe, die sie jetzt so mühsam erklimmt, einmal ganz und gar zuhause war. Das Krächzen bleibt. Aber im Gesicht der Sängerin spiegelt sich die Erinnerung an vergangene Zeiten. Der Stolz, die Freude, vielleicht so etwas wie ein spätes Glück.

Das Erstbesuchseis ist gebrochen.

Bei meinen nachfolgenden Besuchen lese ich ihr wunschgemäß etwas vor. Wir mögen beide die Bücher von Bruno H. Bürgel. Aus seinem Buch »Menschen untereinander. Ein Führer auf der Pilgerreise des Lebens« lese ich die Texte »Jugend und Alter« und »Der Weg zu Gott«. Wir tauschen unsere Gedanken darüber aus, so gut es Frau Sibelis noch möglich ist. Das Artikulieren fällt ihr zusehends schwerer. Trotzdem stimmt sie immer mal wieder mit brüchiger Stimme die eine oder andere Operettenmelodie an: »Dein ist mein ganzes Herz«, »Ach, ich hab sie ja nur auf die Schulter geküsst« oder „Schenk mir doch ein kleines bisschen Liebe«.

Manchmal spielen wir auch nur »Mensch, ärgere dich nicht.«

Aber in der Folgezeit wird Frau Sibelis immer schwächer. Sie ermüdet sehr schnell. Und sie erklärt mir, dass sie keine Freude am Leben mehr habe. Bald können wir uns nicht mehr unterhalten. Ich sitze einfach bei ihr am Bett, und hin und wieder summe ich ein Liedchen. Natürlich auch eine Operettenmelodie.

Malzbier

Da liegt sie nun, klein und unscheinbar, in einem viel zu großen Kissen, von der Decke fast verschluckt. Sie hat keine Angehörigen, aber sie soll auch nicht alleine sterben. Ich habe mein Buch mitgebracht.

Auf dem Nachttisch steht eine Flasche Malzbier. Der ganze Raum ist hell, die Wände, die Vorhänge, das Bettzeug. Nur die Flasche ist dunkel und fällt mir sofort auf.

»Malzbier mag sie sehr«, sagt die Schwester, die mich hereingeführt hat. »Das können Sie ihr geben, wenn sie danach verlangt.« Sie schmunzelt, als sie das sagt.

Das Schmunzeln irritiert mich, aber ich frage nicht nach.

Ansonsten gebe es nichts Besonderes zu beachten, sagt die Schwester und verlässt den Raum.

Ich trete einen Schritt näher ans Bett und schaue, ob mein Kommen bemerkt worden ist. Nein, sie schläft wohl. Ihre Augen sind geschlossen, der Atem geht gleichmäßig.

Eine ganze Weile stehe ich so da und rühre mich nicht.

Ihr Kopf liegt zur Seite geneigt. Die Decke türmt sich bis zum Hals, doch bei genauerem Hinschauen entdecke ich darunter die Ecke eines Spitzenkragens auf einem dunkelblauen Kleidungsstück. Das ist kein Nachthemd, ganz sicher nicht. Eher schon eine Art Festgewand. Dabei ist sie seit Wochen bettlägerig. Wie merkwürdig, sich in dieser Situation so schön anzuziehen. Der Anblick rührt mich. Und dieser Eindruck verstärkt sich noch, als ich entdecke, dass sie zwei winzige goldene Ohrringe mit Korallen trägt. Wären da nicht ihre überaus dünnen, zerzausten Haare, die wachsbleiche Haut und die dunklen Höhlen um ihre Augen, hätte man denken können, diese Großmutter hätte sich nur ein wenig ausruhen wollen vor der großen Feier. In einer halben Stunde würde sie aufstehen und, gestützt von ihrer Tochter, in den Festsaal hinuntergehen. Sie würde an der feierlich gedeckten Tafel Platz nehmen, genüsslich die

Minute ist die Flasche leer, die Trinkerin erschöpft. Die Schwester bettet sie wieder in die Kissen. Der Spitzenkragen wird gerichtet, das wirre Haar sorgsam aus der Stirn gestrichen.

Da liegt sie nun. Ein zartes Lächeln zieht sich über das bleiche Gesicht. Es lässt sie glücklich aussehen. Das Lächeln nimmt sie mit in ihren Schlaf.

Später erfahre ich, dass sie daraus nicht mehr erwacht ist.

Sie hieß Eva Adam. Für mich war sie der Anfang und das Ende in einer Person. Eine kurze Episode, die sich tief eingeprägt hat.

Wenn Sterbende sprechen ...

... sprechen sie dann mit uns? Sprechen sie zu uns? Oder sprechen sie einfach nur aus, was gerade Gedanke wird? Oder Gefühl? Erwarten sie Antwort? Oder geht es nur um Mitteilung, ohne den Wunsch nach einer fremden Meinung? Selbstvergewisserung: Ja, ich höre mich noch?

Wir, die Begleitenden, wissen es oft nicht. Nicht genau. Es ist nicht klar, wie das Sprechen der Sterbenden zu verstehen ist. Dabei sollten wir es doch erspüren können.

Wir erfahren auch nicht, ob und wie unsere Reaktion auf das Sprechen beim Anderen ankommt. Ob sie so erwartet wurde. Oder vielleicht gar nicht wahrgenommen, gar nicht gebraucht wird. Wir können uns nicht sicher sein.

Eine 92-Jährige, die ich schon seit mehreren Jahren begleitet hatte und von der ich wusste, dass sie das Ende ihres Lebens fast ungeduldig herbeiwünschte – ihre Kräfte waren geschwunden, ihr Lebensraum umfasste nur noch das Pflegebett, und auch ihre Tochter war kürzlich gestorben –, diese alte Frau fragte mich eines Tages: »Ist das nun das Ende?«

Am Bett sitzend war ich unsicher, reagierte deshalb gar nicht. Da sie mich nicht sehen konnte, versuchte sie, den Kopf zu heben, als wolle sie nachsehen, ob ich überhaupt noch anwesend sei.

Immer, wenn ich daran denke, schäme ich mich. Ich konnte in diesem Moment nicht erspüren, was sie jetzt unbedingt gebraucht hätte.

Ein anderes Mal fragte sie unvermittelt: »Wann gehen wir los?«

Es war unbestreitbar, für sie wie für mich, dass ihr körperlicher Zustand kein Sitzen, Stehen oder Gehen mehr erlaubte. Ich ahnte, wohin die Frage zielte, wusste aber keine einigermaßen vertretbare Antwort und fragte eher vage zurück: »Übermorgen?«

Darauf sie, spürbar erschrocken: »So bald?!«

Nun, es vergingen tatsächlich nur noch wenige Tage bis zum »Losgehen«.

Meine Mutter starb bei klarem Bewusstsein, ohne akute Erkrankung. Sie hatte sich lange in ihrem Leben immer wieder mit dessen Ende beschäftigt, hatte in der letzten Lebenszeit auch einmal ungeduldig laut rufend gefordert: »Es soll zu Ende sein!«

Es ging auf Weihnachten, ich hatte den Hausarzt vorsorglich zu einem Besuch gebeten. Er untersuchte sie flüchtig, wie mir schien, konstatierte einen »bilderbuchmäßigen« Blutdruck, obwohl sie schon seit Jahren zu hohe Werte gehabt hatte. Daraufhin wandte sie sich ab und erklärte: »Und was nützt mir das?«

Was für eine Mitteilung hatte sie wohl erwartet?

Am Abend des folgenden Tages – noch ein Schluck Tee, noch einmal das Fenster öffnen – sagte sie mit einem Atemzug: »Ich sterbe.« Noch ein Atemzug, noch einmal: »Ich sterbe.«

Und dann war sie gestorben.

Eine beeindruckende Mitteilung ohne Worte erlebte ich von einer alten Dame. Mehrere Ehrenamtler hatten sie Wochen begleitet.

Frau Walter mochte gern Besuch. Sie plante und koordinierte unser Kommen, ließ sich erzählen, was man so erlebt hatte und freute sich, wenn ich ihr gelegentlich gestand: »Ich habe mal wieder einen Blumenstrauß für Sie geklaut.« Irgendwo unterwegs einen Fliederzweig abgebrochen zum Beispiel. Dann lächelte Frau Walter und begutachtete das Mitbringsel.

Aber eines Tages stand ich vor ihrer Tür im Hospiz, und die Pflegerin hielt mich zurück: »Frau Walter möchte keinen Besuch.« Ich war überrascht. Das passte nicht zu der geselligen alten Dame, die ich kennengelernt hatte.

»Na, ich werde trotzdem mal nachfragen«, sagte die Pflegerin. Sie verschwand und kam dann doch mit der Erlaubnis.

Frau Walter lag mit geschlossenen Augen im Bett, wirkte angespannt.

»Hallo, Frau Walter, ich hab' Ihnen Blumen mitgebracht.«

Keine Reaktion. Aber die Augen: Hinter den geschlossenen Lidern waren sie in ständiger Bewegung. Ich spürte eine ungeheure Konzentration. Mir schien, diese Sterbende brauchte nun all ihre Kraft, um den letzten Lebensabschnitt zu bewältigen. Etwas in diesem Sinne sagte ich auch, als ich mich bald darauf von ihr verabschiedete.

Es war unser letzter Abschied. Was ich mir nicht beantworten konnte: Wie hat die Pflegerin die Sterbende wegen des Besuchs befragt, wie hat diese geantwortet? Hat sie geantwortet? Hat sie auch diese unsere Verabschiedung so geplant? Wollte sie, dass ich genau das wahrnehme: diese Konzentration, diese Anstrengung …?

Finalphase

Frau Bangert liegt im Sterben, und ich begleite sie dabei. Ich besuche sie regelmäßig, Tag für Tag. Aber Frau Bangert leidet so stark an Demenz, dass wir nicht mehr miteinander kommunizieren können. Schon seit Wochen liegt sie ganz in sich gekehrt in ihrem Bett, starrt vor sich hin, nimmt ihre Umgebung kaum noch wahr. Die Erlösung will nicht kommen.

Kann ich ihr noch etwas Gutes tun?, frage ich mich. Gibt es nicht irgendetwas, eine Kleinigkeit vielleicht?

Mir fällt die Biografie ein, die im Wohnheim von jedem Patienten angelegt wird. Hier lese ich, dass Frau Bangert den Duft von Tannen sehr mag. Na, das ist doch schon mal etwas!

Im meinem Garten schneide ich Tannenzweige ab und schreddere sie. Damit der Duft nicht verfliegt, packe ich das Grün in eine Plastiktüte und verschließe sie luftdicht. Dann fahre ich zu Frau Bangert. Sie liegt unter ihrer weißen Decke, hat die Augen geschlossen und rührt sich nicht. Es ist nicht zu erkennen, ob sie mein Kommen bemerkt hat. Auf meinen Gruß reagiert sie wie immer nicht.

Jetzt öffne ich die Tüte. Sofort strömt der Tannengeruch heraus und füllt den Raum. Frau Bangert beginnt, ganz tief zu atmen. Sie zieht den Duft in ihre Lungen, atmet wieder aus. Wieder ein. Und wieder aus. Ein kleines Lächeln zieht sich um ihren Mund. Es macht mich froh.

Bei einem weiteren Besuch probiere ich etwas anderes.

»Ich habe Ihnen Brausepulver mitgebracht, Frau Bangert.«

»Das kennen Sie doch«, ergänzt die Pflegerin. »Haben wir als Kinder alle geleckt.«

Mit einem Wattestäbchen tupfe ich ihr das Pulver auf die Zunge. Sie beginnt, an dem Stäbchen zu saugen.

»Vielleicht hat sie Durst?«, wende ich mich an die Pflegerin, die von der anderen Seite des Bettes das Experiment verfolgt.

Sie nimmt die Schnabeltasse und will Frau Bangert etwas Tee einflößen – doch die schließt ihren Mund.

»Lieber noch etwas Brausepulver, Frau Bangert?«

Jetzt öffnet sie den Mund wieder und lässt sich das Pulver auf die Zunge geben. Es ist deutlich zu erkennen, dass sie Freude daran hat. Und das freut mich.

Auch zu Frau Plauen werde ich in der Finalphase gerufen. Zusammengekrümmt wie ein Embryo zeichnen sich die Konturen ihres Körpers unter der Decke ab. Von der langen Bettlägerigkeit hat sie starke Kontrakturen, was bedeutet, dass sich die Gelenke infolge einer Verkürzung von Muskeln, Sehnen und Bändern nicht mehr durchstrecken lassen. Frau Plauen kann schon lange nicht mehr gerade liegen. Das ist auch bei der Pflege nicht einfach. Die Schwestern haben Mühe, ihr ein frisches Nachthemd anzuziehen.

Frau Plauen ist dement. Ihren Gemütszustand kann ich nur an ihrer Mimik erkennen. Oft ist sie sehr aufgeregt und unruhig. Der Atem geht schnell und keuchend, sie kneift Augen und Lippen zusammen, ihr ganzer Körper verkrampft sich und schrumpft dadurch noch mehr in sich zusammen. Es sieht sehr anstrengend aus, dieses Sterben, und ich möchte es ihr gerne leichter machen.

Ich versuche es mit einer Entspannungsmassage, wie ich sie im Ausbildungsseminar für ehrenamtliche Hospizdienstmitarbeiter gelernt habe. Vielleicht nützt die ja etwas. Ich lege eine Wellness-CD in den mitgebrachten Player, ziehe mir Kuschelsocken über die Hände und beginne ganz langsam mit der Massage. Meine Finger kreisen um die verkrampften Schultern, fahren behutsam über die zarten Oberarme, die Ellenbogen und Unterarme bis hinunter zu den Händen. Sie beschäftigen sich mit jedem einzelnen Finger. Zuletzt streicheln sie über das Gesicht, die Stirn, die Schläfen, die Wangen, das Kinn.

Nach ein paar Minuten atmet Frau Plauen schon wesentlich ruhiger. Sie legt den Kopf auf dem Kissen ab, und ihre Gesichtszüge entspannen sich. Es ist mir tatsächlich gelungen, ihr Erleichterung zu verschaffen. Meine Massage hat so guten Erfolg, dass ich sie jedes Mal wiederhole, wenn ich Frau Plauen besuche.

Aber das Sterben dauert bei ihr lange, viel zu lange.

Ich lese Wilhelm Busch vor, wenn ich da bin. Vielleicht hört sie es, vielleicht auch nicht. Viel anderes bleibt ja nicht.

Seit Frau Plauen nicht mehr essen wollte und den Mund immer wieder zusammengepresst hat, bis ihr das Atmen schwer fiel, soll sie auch nicht mehr essen müssen. Ihre Tochter hat das unterstützt. Aber die Schwestern, die das Leiden kaum ertragen können, geben der Patientin doch von Zeit zu Zeit einen Löffel Pudding in den Mund, dann muss sie schlucken. Und das Wenige hält den ausgezehrten Körper am Leben.

Frau Plauen liegt im Sterben von September bis Januar.

Dann wird sie endlich erlöst.

Die Englischlehrerin

Ich komme gerade aus dem Theater. Oh, das hat mich angestrengt! Ohne Frau Weller vom Hospizdienst hätte ich das gar nicht machen können. Aber ich hatte mir so gewünscht, noch einmal eine Aufführung im Deutschen Theater zu besuchen! Wie in alten Zeiten hab' ich mich festlich angezogen. Das Kleid hing zwar schon ein bisschen, weil ich doch ziemlich viel abgenommen habe. Aber ich fühlte mich so wohl, wie schon lange nicht mehr.

»Unheilbar«, hat mir der Arzt gesagt. Es war ein Zufallsbefund. Doch seitdem ist alles anders. Zuerst die Niere, dann die Lunge und zuletzt das Hirn. Tumore können einem das Leben ganz schön vermiesen. Und trotzdem stand ich heute noch einmal vor dem schönen, ehrwürdigen Haus, wo die Bretter sind, die die Welt bedeuten. Ein Stück vom alten Shakespeare wollte ich mir ansehen. Die Klassiker habe ich immer am meisten gemocht.

Der Weg vom Behindertenparkplatz zur Eingangstür war eine echte Herausforderung. Das hätte ich früher nicht für möglich gehalten. Frau Weller hat mich untergehakt und gut gestützt. Ich musste kleine Schritte machen. Immer wieder Pausen einlegen. So ging es in die erste Sitzreihe. Diesen Luxus habe ich mir zum ersten Mal gegönnt. Aber besser spät, als nie! Oberon kam so dicht heran, dass ich den Schweißtropfen an seiner Nase glitzern sehen konnte. Und Puck ist im Nacken tätowiert – wer hätte das gedacht? Der Abend wird mir in besonderer Weise in Erinnerung bleiben.

Die einzelnen Szenen stehen mir noch deutlich vor Augen. Auch das Bühnenbild, obwohl es mir nicht so ganz gefiel. Ein nüchterner dreiseitig verschlossener Kasten, ohne jede illusionistische Ausstattung. Die Dialoge waren so modern, dass sie dem Original kaum noch glichen. Das hab' ich in der Pause auch zu Frau Weller gesagt. »Ich hatte wirklich Mühe, den Text wiederzuerkennen«, hab' ich gesagt, »dabei kann ich große Passagen davon auswendig.«

Sie fand das auch merkwürdig.

»Und muss eine moderne Inszenierung denn zwangsläufig ohne jede Romantik auskommen?!«, habe ich mich empört.

Allein schon die Auftaktszene: Die Amazonenkönigin erschien in Arbeitshose, T-Shirt und groben Schuhen zum Stelldichein mit ihrem Bräutigam. Als ob sie geradewegs von der Werkbank käme. »Muss das denn sein?!« Oder später die eine Liebesszene, die eher einem Nahkampf glich: Liebeslust und Zerstörungstrieb lagen ganz dicht beieinander. Das sah nicht immer schön aus.

»An manchen Stellen hatte ich den Eindruck, dass das gar kein Shakespeare mehr war«, hab' ich nach der Vorstellung zu Frau Weller gesagt. Es war gut, dass ich anschließend mit ihr darüber reden konnte. Wichtig, auch ihre Meinung zu hören. Dadurch kommt mir das Stück inzwischen wie ein Traumbild vor, das man kurz nach dem Erwachen für die Wirklichkeit hält. Das Gespräch hat mich mit der Inszenierung versöhnt.

Ich spüre auch, was nun in meinem Kopf passiert. Das Theatererlebnis animiert mich zum Träumen, weg von der Realität, weg von der Krankheit, hin zu einem schönen Ort, wo es warm und gemütlich ist. Und ruhig, sehr ruhig.

Auf der Bühne ging es heute laut zu. Aber angenehm laut. So konnte ich alles verstehen, mich richtig hineinversetzen in die Wortgefechte. In den Leiden der Akteure fühlte ich mein eigenes Leiden. Ach, und wie gern hätte ich auch so einen Puck, der mit seiner Wunderblume alles verzaubern kann!

Die Realität sieht anders aus. Mir ist heute Abend sehr bewusst geworden, wie schwer mir inzwischen alles fällt. Die Gedanken und Gefühle sind frei wie ein Vogel, wie eh und je. Aber der Körper ist ein bleierner Panzer und kaum noch funktionstüchtig. Für mich war es ein Wechselbad zwischen massiver Schwere und fedriger Leichtigkeit.

Komisch auch, dass ich alles als so endgültig empfunden habe. Gerade so, als ob nun nichts mehr kommen sollte. Vielleicht ist es ja tatsächlich so, vielleicht aber auch nicht. Einesteils fühle ich mich sehr aufgewühlt, andernteils melancholisch abwesend. Und bei alledem ist da diese friedliche, freudige Stimmung, die eine gute Aufführung schon immer in mir hervorzurufen wusste. Wenn ich den morgigen Tag nicht mehr erleben dürfte, dann wäre dieser Abend ein würdiger Abschluss. Von allem.

Am Ende eine Oase

Einmal die Woche sitzen wir an ihrem Küchentisch zusammen, Anne und Klaus und ich. Das Sauerstoffgerät neben dem Eingang nimmt so viel Platz ein, dass Anne mit dem Rollstuhl kaum vorbeikommt. Sie ist noch viel zu jung für ihre Diagnose, denke ich, ihr Körper voller Metastasen, aber ihr Geist noch voller Pläne.

Heute stehen überall frische Blumen.

»Klaus ist am Wochenende fünfzig geworden«, erzählt Anne, »da waren alle unsere Freunde da.« Und nach einer nachdenklichen, kleinen Pause fügt sie hinzu: »Der Arzt sagt, ich werde meinen Fünfzigsten nicht mehr erleben.«

Mir wird flau im Magen. »Wann wäre der denn?«

»In zwei Monaten.«

Was soll ich dazu sagen? Mein Blick schweift ratlos zu dem drahtgestützten Gerberagebinde, das zwischen uns auf der Tischplatte steht.

Anne strafft sich. »Na, das werden wir ja sehen!«, sagt sie und rettet damit die Situation. »Wir wollen ja noch mal gemeinsam Urlaub machen.« Sie lächelt. Und Klaus nickt. Das Reisen ist immer ihre große Leidenschaft gewesen.

An der Wand hängt ein Urlaubsfoto. Azurblauer Himmel, eine rustikale Hütte mit Blätterdach, zwei fröhliche Menschen. Klaus habe ich auf dem Foto sofort erkannt, groß und schlank, mit einem sympathischen Lächeln. Aber es ist kaum zu glauben, dass die Frau, die er da so liebevoll in den Armen hält, dieselbe ist, die hier in der Küche neben mir sitzt.

»Das ist ein Jahr her«, sagt Anne. »Da hatte ich noch meine Haare. Und zwanzig Kilo weniger.« Durch das Morphium ist ihr Körper aufgedunsen. Doch daran scheint sie jetzt nicht zu denken, denn sie strahlt mich an. Mit dem Urlaubsfoto kommen all die schönen Erinnerungen. »Erzähl doch mal«, sagt sie zu Klaus. Sie selbst ist zu schwach, ihr fehlt der lange Atem. »Erzähl von Oman …«

»Jaaa«, sagt Klaus gedehnt, »da haben wir schon aus dem Flugzeug die Wüste bewundert, diese gigantischen Flächen, wo nichts als Sand ist …« Das Bild in meinem Kopf ist ganz schnell da. Es hat mit Anne und Klaus zu tun, mit dem Glänzen in ihren Augen, als Klaus berichtet. Ich höre das Brummen des Flugzeugmotors, sehe die verschiedenen Farben der Sahara, die schnurgeraden Pisten, darauf eine winzige Staubfahne, aufgewirbelt von einem einsamen Fahrzeug.

»Gleich am Flughafen haben wir uns einen Leihwagen genommen, sind in die Stadt gefahren, um Zelt und Kochgeschirr zu kaufen. Und dann ging's immer der Nase nach ...«

Sie hatten sich treiben lassen, ohne Plan und Ziel. Nach vielen Kilometern Wüstenstraße waren sie einfach auf eine Seitenstraße abgebogen. »Wir wussten nicht, wo es da hingeht. Aber das war ja das Schöne, dieses Abenteuer eben.«

»Genau«, sagt Anne. »Genau so war's!«

Am Ende war da eine Oase. Die Bewohner hatten das Auto schon von weitem kommen gehört. Als Anne und Klaus die winzige Ansiedlung erreichten, standen Männer, Frauen und Kinder vor den Gebäuden, schauten ihnen neugierig entgegen und winkten. »Die haben uns sehr, sehr herzlich willkommen geheißen«, erzählt Klaus. »Man kann sich das nicht vorstellen, das ist eine ganz andere Welt. Die ganze Aufmerksamkeit dieser beiden Familien lag plötzlich auf uns und unserem Wohlbefinden.« Es wurde Tee angeboten, stark, schwarz und sehr süß. Zum Trinken setzten sich alle auf einen großen Teppich, Männer und Frauen getrennt. »Und dann haben wir nach einer gemeinsamen Sprache gesucht«, sagt Klaus. »Und wir haben auch eine gefunden.«

Ich sehe Anne lächeln.

»Aber das war nicht Englisch oder Französisch«, fährt Klaus fort. »Das waren unsere eigenen Hände und Füße, mit denen wir geredet haben.«

»Genau!«, ruft Anne. »Genau so war's!«

»Aber das hätte doch auch schiefgehen können«, werfe ich ein. »Hattet ihr denn keine Angst?«

Klaus schüttelt den Kopf. »Man muss nur die Sitten und Gebräuche beachten, um die Menschen nicht zu verletzen«, sagt er. »Kurze Hosen zum Beispiel wären dort tabu gewesen.«

»Genau«, nickt Anne. »So ist es.« Sie nimmt Klaus' Hand und strahlt ihn an. Jetzt sieht sie der Frau auf dem Urlaubsfoto wieder sehr ähnlich.

Sie haben mich angesteckt, die beiden. Ich bekomme große Lust, auch mal nach Oman zu fahren. »Na, wie wär's?«, sage ich zuhause zu meinem Freund. »Kommst du mit?«

Er guckt skeptisch. »Da gibt's bestimmt keine Touristen«, brummt er. »Das klingt sehr nach Einsamkeit und Sand zwischen den Zähnen.«

Und ich höre mich begeistert sagen: »Genau! Genau so ist es!«

Es bleibt immer etwas von den Menschen, die ich begleitet habe. Von Anne ist es dieser kleine Satz. Immer, wenn ich ihn ausspreche, muss ich an sie denken. An diese reiselustige Frau, die am Ende auf eine Reise ging, die noch lange nicht geplant war.

Praxisschock

»100 Jahre Schollenglück« titelt *Der Laubenpieper*, den Frau Köhler mir zur Lektüre bereitgelegt hat. Sie informiert mich auch, dass Herr Köhler der Vorsitzende dieser Kleingartenanlage ist. Er liegt im Bett und nickt dazu. Sie seien gewissermaßen verpflichtet, ihren Schrebergarten vor den großen Festivitäten wieder richtig in Schuss zu bringen, erklärt sie. Dazu habe bisher einfach die Zeit gefehlt.

Er nickt wieder. »Nach Pankow ist es immer ziemlich weit.« Leise, fast entschuldigend. »Und ich lag ja im Krankenhaus.«

»Mein Mann hatte einen Schlaganfall.«

Er nickt.

»Er ist gerade erst wieder nach Hause gekommen. Seitdem ist er halbseitig gelähmt.«

Er zuckt hilflos die rechte Schulter. »Aber wir sind gut ausgerüstet für die Pflege«, erklärt er.

Im Schlafzimmer stehen alle möglichen Hilfsmittel zur Vereinfachung der Betreuung bereit. Ein professionelles Pflegebett mit elektrisch verstellbarem Kopf- und Fußteil und einem Galgen zum Hochziehen. Ein Rollstuhl und ein Rollator, die im Wechsel zum Einsatz kommen. Und noch etwas ganz Praktisches: Ein Toilettenstuhl, der auf den ersten Blick nicht als solcher zu erkennen ist. Er sieht aus wie ein Möbelstück, das Polster ist mit Kunststoff bezogen und zur besseren Sauberhaltung mit einer Antihaftbeschichtung versehen. Ich ziehe mir den Stuhl heran und setze mich zu Herrn Köhler ans Bett.

Seine Frau macht sich auf den Weg nach Pankow.

Herr Köhler wirkt geschwächt. Anfangs tauschen wir noch ein paar Sätze, aber das Reden strengt ihn sichtlich an. Irgendwann fallen ihm die Augen zu. Ich hole meine Zeitung heraus. Die großen Doppelseiten habe ich schon vor meinem Besuch mit einem Messer in Einzelblätter verwandelt, um den Kranken nicht durch lautstarkes Umblättern zu wecken. Es funktioniert. Er schläft, ich lese.

Als ich mit dieser Lektüre fertig bin, lese ich auch noch den *Laubenpieper*, den Frau Köhler so warm empfohlen hat.

Auf einmal ein Rascheln neben mir. Ein tiefes Luftholen.

Herr Köhler ist aufgewacht, er blinzelt.

»Renate?« Die Stimme noch leiser als vorher. »Bist du da?«

Er wendet den Kopf und sieht mich. »Ach, Sie sind's.«

Ist das Enttäuschung?

Sein Blick schweift zur Decke, die Stille wächst.

Ich sehe, dass er etwas sagen will, warte ab. Dann kommt es: »Ich muss groß.« Es ist ihm hörbar unangenehm – aber natürlich nicht zu ändern.

Auch ich habe meine Bedenken. Meine Erfahrung mit solchen Toilettenstühlen wie dem, auf dem ich gerade sitze, ist nicht besonders groß. Irgendwann einmal während der Ausbildung ist uns die Funktionsweise vorgeführt worden, ich erinnere mich nur vage.

Sehr präsent ist mir dagegen die Warnung, die man uns eingeprägt hat: Macht mit den Patienten nichts, was eigentlich nur ein professioneller Krankenpfleger tun sollte! Der gemeinsame Gang zum Badezimmer fällt also aus. Wenn Herrn Köhler dabei irgendetwas zustößt, könnte man mich versicherungstechnisch dafür verantwortlich machen.

Trotzdem nicke ich entschlossen. Stehe auf, rücke den Toilettenstuhl zurecht und nehme das Sitzpolster ab. Das blitzblanke Auffanggefäß kommt zum Vorschein.

»Oh, das haben Sie wohl noch gar nicht benutzt?« Irritiert.

Herr Köhler schüttelt kaum merklich den Kopf. »Ist ganz neu. Gerade erst geliefert.«

»Ja, dann …« Der Topf in seiner Drahtaufhängung kommt mir seltsam vor, auch ziemlich unkomfortabel. Aber wir haben keine Zeit zu verlieren. »… wollen wir das gute Stück mal einweihen.«

Ich bereite alles vor. Helfe Herrn Köhler, sich aufzurichten. Dann wird er positioniert und genau in der Mitte des Stuhles abgesetzt. Plötzlich lautes Geschepper. Der Kübel ist auf den Boden gefallen. Aber der Kranke hat seinem Bedürfnis noch nicht nachgegeben. Er wirkt genauso überrascht wie ich.

»Und was machen wir jetzt?« Skeptisch.

Ich helfe ihm zurück auf das Bett. »Wir versuchen es noch mal.«

Zuerst fädele ich das Behältnis wieder ein. Dann folgt das Aufrichten, halbe Drehung, und mit einem leichten Plumps ist er platziert. Ich glaube, wir halten beide den Atem an.

Sekunden später kommt das Scheppern. Der Behälter steht wieder auf dem Boden. »Das gibt's doch gar nicht!« Ich schnaufe.

Herr Köhler schnauft auch. »Na, dann helfen Sie mir mal wieder ins Bett.« Er klingt nicht besonders glücklich.

Ich tue wie geheißen. Lege ihn hin. Decke ihn zu. Aber damit ist die Sache natürlich noch nicht abgetan. Herr Köhler kneift Augen und Mund zusammen. Er muss immer noch.

Mir lässt die verpatzte Aktion keine Ruhe. Der Stuhl muss kaputt sein. »Das werde ich mir mal genauer ansehen.« Ich untersuche das Objekt von allen Seiten, finde jedoch nichts, was meine Vermutung bestätigen würde. Der Eimer hängt in seiner Verankerung, alles macht einen soliden Eindruck.

»Ist doch egal«, murmelt Herr Köhler, »ich geh' da sowieso nicht mehr drauf.« Immerhin hat sein Gesicht sich jetzt etwas entspannt. Es ist wohl nicht mehr ganz so dringend. »Dieses moderne Zeug taugt alles nichts.«

Im Stillen bin ich dankbar, dass er sich nicht mit gleicher Verächtlichkeit über die Fähigkeiten der ehrenamtlichen Hospizdienstmitarbeiter auslässt.

In diesem Moment dreht sich draußen der Schlüssel im Schloss. Frau Köhler kommt herein, einen Korb voller frisch geschnittener Pfingstrosen am Arm. Sie bringt ihren Mann ins Badezimmer. Ich stehe neben dem Bett, den Polsterdeckel in der Hand, und fühle mich unwohl.

Da erst fällt es mir auf. Das Polster in seinem Rahmen kommt mir plötzlich so schwer vor. Zudem sieht es bei näherer Betrachtung so aus, als hielte ich zwei Teile in der Hand, beide in identischem Mausgrau.

»Jetzt ist mir alles klar«, sage ich, als Herr Köhler von seiner Frau wieder zum Bett zurückgeführt wird. »Ich habe in der Eile nicht nur die Polsterabdeckung, sondern gleich die ganze Toilettenbrille mit abgenommen. Kein Wunder, dass das nicht funktioniert hat.«

Das Halterungsgestell hat sich unter dem Körpergewicht verschoben, weil es für solche Belastungen nicht ausgelegt ist. Zu diesem Zweck ist ja der Brillenrahmen vorgesehen, der von den Stuhlbeinen gestützt wird.

Frau Köhler lacht als Erste. Herr Köhler nickt, seufzt, lächelt dazu. Die ganze Peinlichkeit ist mit einem Schlag verflogen. Auch für mich eine Riesenerleichterung.

An diesem Tag schwöre ich mir ernsthaft, künftig genauer auf die pflegerischen Handgriffe und Tipps zu achten, die man uns in der Aus- und Weiterbildung beibringt.

Denn alles, was man lernt, hat seinen Sinn.

Mama

Das Klingeln des Telefons reißt mich aus meinen Gedanken. Da ist es wieder, dieses komische Gefühl im Magen. Immer ist es plötzlich da, wenn etwas Außergewöhnliches passiert.

»Kannst du kommen?« Die Stimme meines Vaters klingt leise und verzweifelt. »Mama geht es schlecht. Ich weiß nicht, was ich machen soll.«

Vor einigen Monaten wurde bei meiner Mutter ein aggressiver Krebs diagnostiziert. Wir müssten uns auf das Schlimmste gefasst machen, sagten die Ärzte. Aber bisher ging es meiner Mutter gut. Sie hatte keine Schmerzen. Deshalb konnten wir nicht recht glauben, dass es tatsächlich keine Hoffnung mehr geben sollte.

Sie selbst ging mit der ganzen Situation ziemlich gelassen um. Wie immer ließ sie sich nicht von Gefühlen steuern.

»Der Krebs ist nun mal da und damit basta«, sagte sie. »Wir können es nicht ändern.«

Meine Mutter lag in ihrem Krankenhausbett, ließ sich untersuchen und behandeln, und wenn sie nicht vor lauter Erschöpfung schlief, dann las sie ein Buch. Das Bild war mir nur allzu vertraut. Sie hatte immer schon in ihrer eigenen Welt gelebt, so lange ich mich erinnern konnte. Als sie noch jung war und ich ein kleines Mädchen, hatte diese Welt aus ihrem Job bestanden und vielen, vielen Büchern, die sie reihenweise verschlang. Wenn meine Mutter las, ließ sie sich durch nichts und niemanden stören. Auch nicht durch mich.

Ich habe damals mehrfach hören müssen, dass ich kein Wunschkind sei. Wir hatten schon in den 1950er Jahren eine Kinderfrau, Hermine, die sich um mich und den Haushalt kümmerte. Hermines warmherzige Art zog mich magisch an. Ich war gern mit ihr zusammen. Viel lieber als mit meiner Mutter, der zärtliche Worte und Liebkosungen fremd waren. Unser Verhältnis war immer kühl und distanziert geblieben. Das änderte sich erst, als ich sie kurz vor ihrer Entlassung aus dem Krankenhaus noch einmal besuchte. Ich weiß noch, wie die Sonnenstrahlen im Krankenzimmer an den Wänden tanzten. Der Sommerwind ließ die Gardinen flattern. Im Raum lag eine eigenartige Atmosphäre. Irgendetwas war anders als sonst. Der Blick, mit dem meine Mutter mich anschaute, kam mir fast zärtlich vor. Selbst ihre Stimme war verändert. Wir sprachen gerade über etwas ganz Anderes, als sie mich plötzlich fragte: »Arbeitest du eigentlich immer noch als Sterbebegleiterin?«

Schon oft hatte ich versucht, ihr von meiner ehrenamtlichen Tätigkeit zu erzählen. Immer hatte sie sofort das Thema gewechselt. Es war offensichtlich, dass sie für dieses Engagement kein Verständnis hatte.

»Ja, das tue ich«, nickte ich jetzt. »Wieso?«

»Kannst du mir davon erzählen?«

»Sicher …« Ich schilderte ihr meine letzte Begleitung und führte aus, wie unterschiedlich Begleitungen sein konnten. Dann erzählte ich von den Gesprächen über Sterben und Tod. Und von der großen Ruhe, die manche Sterbenden dabei erfuhren. Dieses Mal unterbrach sie mich nicht. Wir saßen lange zusammen. Ich merkte erst, wie viel Zeit verronnen war, als der Arzt ins Zimmer trat.

An diesem Tag beschlossen wir gemeinsam, dass meine Mutter nach Hause entlassen werden sollte. Im Krankenhaus konnte ihr nicht mehr geholfen werden. Mein Vater würde sie am nächsten Tag abholen.

Als wir uns verabschiedeten, nahm Mama meine Hände.

»Wirst du bei mir sein, wenn ich sterbe?«, fragte sie leise.
Auch ihr Blick hielt mich ganz fest.
»Ja, Mama. Ich verspreche es dir.«

Und nun der Telefonanruf. Es ist so weit.

Mamas Zustand ist von einem Tag auf den anderen völlig verändert. Sie hat Schmerzen, bekommt Morphiumpflaster. Damit geht es ihr besser. Ich liege mit ihr im Ehebett, sie erzählt mir aus ihrem Leben. Oft streichelt sie mein Gesicht.

Einmal fragt sie: »Ich war eine ruppige Kröte, stimmt's?!«

»Ja, Mama. Das warst du manchmal.«

»Es tut mir leid. Ich konnte nicht anders.«

»Ich weiß«, sage ich leise. »Jetzt weiß ich es.«

Am Morgen wache ich neben ihr auf und sehe, dass sie gebannt an die Decke starrt. Dort macht die Sonne Schattenspiele.

»Siehst du auch die vielen Leute, die auf dem großen Platz tanzen?«, fragt sie, fast atemlos.

»Ja«, sage ich.

»Es ist ein Volksfest mit lauter fröhlichen Menschen. Hörst du sie lachen?«

»Ja.«

»Siehst du? Sie werfen bunte Fäden zu mir herunter. Sie wollen, dass ich hochkomme und mit ihnen tanze.«

»Dann mach das doch, Mama.«

»Aber wie komme ich da hin?« Ratlos. »Jetzt fallen lauter Pflastersteine herunter, aber die kommen hier nicht an. Schau nur, da wird eine Straße draus. Darauf kann ich zu ihnen gehen.« Sie lächelt. Und schläft wieder ein.

Ein andermal sprechen wir über die verschiedenen Vorstellungen vom Jenseits, vom Leben danach und von den Seelen, die vielleicht in einen anderen Zustand übergehen. Wir reden von Reinkarnation und von dem Reifeprozess, den wir vielleicht alle durchlaufen müssen, bevor wir das reine Glück finden. Mama will immer wieder meine Gedanken dazu wissen.

Aber am meisten Trost gibt ihr, die in ihrem Leben so viel gelesen hat, eine Geschichte, die ich in einem Roman gefunden habe, in *Nefertiti, Tochter der Sonne* von Mary McCune.

Ich habe mir zwei dicke Kissen in den Rücken geschoben und sitze mit übergeschlagenen Beinen neben ihr auf dem Bett.

Was heißt Sterben? lese ich vor. *Ich stehe an einem Ufer. Eine Brigg segelt in der Morgenbrise und steuert aufs offene Meer. Sie ist ein herrlicher Anblick, und ich stehe da und sehe ihr nach, bis sie zuletzt am Horizont verschwindet und jemand neben mir sagt: »Jetzt ist sie nicht mehr da.«*

Nicht da! Wo dann?

Nicht da für meine Augen, das ist alles.

Die Ferne und das Nicht-Dasein sind auf meiner, nicht auf ihrer Seite; und gerade in dem Moment, da hier, neben mir, einer sagt: »Jetzt ist sie nicht mehr da«, gibt es andere, die sie kommen sehen, und andere Stimmen rufen freudig aus:

»Da, da ist sie ja!«

Und das heißt sterben.

Plötzlich ist es ganz still im Schlafzimmer.

»Ich wusste nicht, dass Sterben so schön sein kann«, sagt Mama. Sehr ernst, sachlich und gelassen, wie es ihre Art ist.

Wir hatten zehn gemeinsame Tage, bevor sie voller Vertrauen auf ihre letzte Reise ging. Keinen davon möchte ich missen.

Eine schwierige Patientin

Wir haben das Zimmer kaum betreten, da geht es schon los.

»Scheiß drauf!«, kreischt sie. »Fette Schlampe!«

Meint sie die Schwester? Oder etwa mich?! Hat sie uns überhaupt gesehen? Oder nur vom Bett aus unsere Schritte gehört?

»Saubande! Ihr könnt mich mal!« Es schrillt mir in den Ohren. So grell! So laut! Was für ein Empfang! Aber ich wusste ja, worauf ich mich einlasse, ich bin schon mit gemischten Gefühlen hergekommen.

»Machen Sie sich nichts draus, es geht nicht gegen Sie«, sagt die Schwester. »Frau Krapp gibt immer nur Schimpfworte von sich. Wenn überhaupt. Sie ist dement, spricht nicht mit den Pflegekräften. Und sie ist völlig verkrampft, körperlich wie seelisch.«

Es stimmt: Sie keift, sie flucht, sie brüllt. Sie verausgabt sich, bis ihre Stimme bricht. Dabei hat sie beide Arme eng auf der Brust gekreuzt. Ganz starr liegt sie da. Sämtliche Muskeln sind so extrem angespannt, dass sie zittern. Es sieht aus, als müsste sie sich gegen einen körperlichen Angriff schützen.

Mein erster Eindruck: Sie ist total verängstigt.

Der nächste Gedanke: Ich muss diese Frau beruhigen. Muss ihr klarmachen, dass ich nicht gefährlich bin, sondern ihr Gutes will. Nur wie? Wie komme ich gegen diese Angst an? Wie finde ich Zugang?

Die Schwester hat das leere Tablett geholt und ist schon wieder an der Tür. »Geht das in Ordnung, wenn ich Sie hier allein lasse?«

»Ja, natürlich.«

»Hau ab, du Schlampe!«, kreischt Frau Krapp.

Als ich zu ihr ans Bett trete, kneift sie die Augen zu. »Scheiß drauf! Saubande!«

Am besten höre ich gar nicht hin. Stattdessen beginne ich zu reden. Ganz vorsichtig. Ich sage ihr, wer ich bin, dass ich sie regelmäßig besuchen möchte und dass sie dafür nichts bezahlen muss. »Aber was könnten wir zusammen machen?«, überlege ich laut. »Welche Interessen haben Sie wohl? Soll ich Ihnen etwas vorlesen? Aber was? Vielleicht ein paar kurze Geschichten? Oder Gedichte?«

Immerhin schimpft sie nicht mehr. Sie liegt mit geschlossenen Augen da, die Arme vor der Brust gekreuzt und rührt sich nicht. Ich höre sie laut atmen. Die ganze Anspannung in ihrem Körper ist offenbar sehr anstrengend.

Ich hole das Buch aus meiner Tasche. Ein Gedichtband, für alle Fälle. Nun lese ich für Frau Krapp einige Gedichte, die ich selber sehr mag. Es ist eine Art Hörprobe.

Sie reagiert nicht. Liegt da und schweigt. Schaut mich nicht an. Das Ganze ist jetzt schon ziemlich entmutigend.

»Was nun?«, sinniere ich laut. »Soll ich noch weiterlesen? Oder sind Gedichte nicht das Richtige? Es gibt so viel Lesestoff. Ich könnte Ihnen nächstes Mal was Anderes mitbringen. Nur was? Was ist gut gegen Angst? Was hilft Ihnen? Vielleicht etwas Lustiges? Wann haben Sie das letzte Mal gelacht, Frau Krapp? Oder vielleicht lieber etwas Erbauliches? Etwas Tröstliches?«

Ist das ein Zucken um ihre Mundwinkel? Ein Zeichen, dass sie mir tatsächlich zuhört?

»Was könnte Ihnen Trost geben?«, überlege ich weiter. »Möchten Sie vielleicht etwas aus der Bibel hören?«

Da schlägt sie plötzlich die Augen auf. »Bibel?« Sie wendet den Kopf und schaut mich direkt an. »Ja.« Ganz leise, ganz zart.

Kaum zu glauben, dass das dieselbe Stimme ist, die sich eben noch vor Gehässigkeit überschlagen hat.

»Das ist das erste vernünftige Wort, das ich von ihr höre«, staunt hinter mir die Schwester, die mit einem Arm voll frischer Wäsche im Türrahmen steht.

Ich bin immer noch ganz überrascht. Aber auch ein bisschen stolz. Offenbar habe ich das Richtige gefunden.

Frau Krapp schaut mich an, Erwartung im Blick.

Den 23. Psalm kann ich noch auswendig. Ich spreche ihn langsam, damit sie ihn genießen kann: »Der Herr ist mein Hirte, mir wird nichts mangeln …«

In vier Tagen komme ich wieder.

Dann bringe ich meine Bibel mit.

Ich bin ja so glücklich!

»Hallo«, ruft Frau Reichert. »Hallo, hallo!«

Ihre Stimme ist altersbrüchig. Man hört, dass sie jetzt kaum noch gebraucht wird, aber schon viel gebraucht wurde. Frau Reichert wird demnächst hundert, und sie sagt kaum noch etwas anderes als »hallo«. Dennoch vermute ich, dass sie sich freut. Obwohl sie ihre Freude nicht mehr in Worte fassen kann. Sie ist bewegungsunfähig und von Altersdemenz arg geplagt. Ich erkenne die Freude in ihrer Miene, höre sie in ihrem Ton. »Hallo!«, ruft Frau Reichert und meint damit niemand bestimmten. Aber ich sehe, wie sehr sie unseren Spaziergang genießt.

Es ist ein sonnendurchfluteter Spätsommertag im September, ein Tag, wie man ihn sich wohltuender kaum wünschen kann. In ihrem Rollstuhl schiebe ich die alte Dame durch die Grünanlagen des *Ulmenhofs* und brumme vergnügt ein kleines Lied vor mich hin. Auch das freut Frau Reichert, wir haben es schon häufig ausprobiert.

Der *Ulmenhof* beherbergt sowohl eine Sozialstation für pflegebedürftige Senioren als auch eine Einrichtung für geistig oder körperlich behinderte Menschen. Frau Reichert wohnt in der Sozialstation. Da sie keine Angehörigen mehr hat, liegt sie dort tagein, tagaus einsam in ihrem Einzelzimmer.

Umso mehr beflügelt sie unser gemeinsamer Ausflug. »Hallo!« Sie genießt die wärmenden Sonnenstrahlen, das noch satte Grün des Parks und den Duft des Spätsommers. »Hallo, hallo!«

Vielleicht hat sie vergessen, dass ich, den Rollstuhl schiebend, hinter ihr gehe? Gut möglich. Vielleicht vermisst sie gerade mein zuweilen unterbrochenes Liedgebrumm? Ich kann ihre Gedanken nicht erahnen.

Da kommt ein junges Paar aus der Behinderteneinrichtung. Hand in Hand nehmen sie die Stufen, schlendern uns leichtfüßig entgegen. Die junge Frau schmiegt sich an die Schulter des Mannes. Ihr Lächeln lässt nicht nur das Gesicht strahlen. Mir kommt es vor, als lächele ihr ganzer Körper in überschwänglicher Freude.

»Hallo!«, ruft Frau Reichert, als wir uns auf dem Weg begegnen, sie ruft es in den sonnigen Nachmittag. Aber nur ich weiß, dass sie das immer tut. Die junge Frau fühlt sich offenbar direkt angesprochen. Sie winkt und antwortet euphorisch: »Ich bin glücklich! Ich bin ja so glücklich! Aber nicht verraten!«

Das verspreche ich.

Und ich hoffe, dass sie es mir nicht verübelt, wenn ich mich jetzt und hier dieser für mich so eindrucksvollen Augenblicksbegegnung erinnere.

Ein Teil der Familie

»Wollen Sie nicht gleich Helena und du zu mir sagen, wenn Sie jetzt so zu mir kommen?«, fragt sie mich bei unserer ersten Begegnung.

»Gut. Ich bin Hannah.«

Es ist Frühling, und ich begleite sie zum Arzt, weil sie die Fahrt alleine nicht mehr schafft.

»Nach der Chemo bin ich immer ganz schlapp, drei Tage gar nicht zu gebrauchen. Aber danach ist es wieder besser. Da könnten wir zusammen spazieren gehen. Und auch ein bisschen reden.«

Das tun wir in den kommenden Monaten regelmäßig, jeden Dienstag um zwei. Helena redet gern. Man hört immer noch den leichten Akzent, wenn sie spricht, und manchmal sagt sie Dinge, die mich unbeabsichtigt zum Schmunzeln bringen: »Meine Büsen sind ganz klein geworden in der letzten Zeit.« Dann möchte ich ihr am liebsten gleich den Arm um die Schultern legen und sie trösten.

Helena ist Griechin. »Ich bin damals zum Studieren in die DDR gekommen«, erzählt sie, als wir durch ihr Wohngebiet schlendern.

»Dabei hab' ich dann Manfred kennengelernt.« Durch ihre Heirat konnte sie in der DDR bleiben. Aber der Preis war hoch: Sie durfte nicht mehr nach Griechenland. »Ach, das war schon in Ordnung«, sagt sie heute, »wir hatten uns lieb. Und haben dann ja auch bald die beiden Jungs gekriegt.« Die Familie ist ihr sehr wichtig.

»Und du hattest keine Sehnsucht nach der Heimat?«

»Doch, schon …« Für einen Moment wirkt sie nachdenklich. »Ich hab' immer gehofft, dass sie die Grenze irgendwann wieder aufmachen. Das war dann ja auch so.«

Nach der Wende konnte sie reisen, aber ihr Mann war inzwischen verstorben. Die Söhne waren erwachsen geworden und hatten eigene Familien. Helena war nun Großmutter.

»Jedes Jahr im Herbst fliege ich zu meiner Schwester Sophia. Da seh' ich sie dann alle wieder, und das ist sehr schön. Aber es ist auch so anstrengend mit der ganzen Familie! Ich bin das gar nicht mehr gewohnt.« Wie setzen uns auf eine Bank, damit sie ein bisschen verschnaufen kann. Sie schaut auf den Pflaumenbaum hinter dem Gartenzaun, der voller reifer Früchte hängt. »Das Griechenland, aus dem ich weggegangen bin, gibt es heute gar nicht mehr«, sagt sie. »Es hat sich sehr viel verändert.« Und dann lacht sie plötzlich. »Ich ja auch! Nach fast fünfzig Jahren in Deutschland bin ich gar keine richtige Griechin mehr.«

Wir folgen stets demselben Ritual, spazieren durch die kleine Parkanlage und machen dann einen Abstecher zum Bäcker Thürmann, wo Helena Mandarinen-Käse-Schnitten für uns kauft. Bei ihr zuhause gibt es dazu für sie Tee, und für mich Kaffee, den ich mir selbst koche.

»Diesen Herbst möchte ich noch einmal zu Sophia fliegen«, sagt sie. »Die Familie hat so viele Jahre an ihrem neuen Haus gebaut, und jetzt haben sie es endlich fertig.« Noch ist es Sommer, aber der Flug nach Athen ist schon gebucht. »Stefan, mein Ältester, kommt mit. Er hat schon Urlaub angemeldet.«

Sie wirkt jetzt oft erschöpft, wenn ich sie besuche. Im Laufe unserer Begegnungen wird sie munterer, und es gibt auch immer einen Grund zum Lachen. Aber mit ihrer Gesundheit geht es bergab. Nachts bekommt sie einen Ernährungstropf, weil sie durch den Speiseröhrenkrebs nicht mehr genug essen kann, um ihren Körper bei Kräften zu halten. Doch das hält sie nicht davon ab, sich im Fernsehen Kochsendungen anzuschauen – »Man kann auch mit den Augen essen« – und mit mir Rezepte für deutsche und griechische Gerichte auszutauschen. »Ich hab' immer gern gekocht. Für die Familie. Und auch gut gekocht.« Sie schmunzelt. »Waren immer alle sehr zufrieden.«

Der Sommer geht dem Ende zu. Es gibt neue Untersuchungen, neue schlechte Befunde. Die Flugreise wird storniert.

»Ich will nicht in Griechenland sterben«, sagt Helena. »Da gehör' ich nicht mehr hin. Und es wäre auch zu kompliziert für die Familie.«

Stattdessen kommt Sophia mit ihrem Mann nun nach Berlin. Die Familie kümmert sich um die beiden, denn Helena musste inzwischen ins Krankenhaus. Ich besuche sie dort mehrmals. Sie möchte unbedingt wieder zu Kräften kommen, also gehen wir den Flur entlang, sie an meinem Arm und auf der Wandseite der Handlauf. »Was wird denn jetzt aus meinen schönen Möbeln?«, überlegt sie. »Wenn du davon was brauchen kannst …?«

Dann kommt der Samstag, und ich habe plötzlich das drängende Gefühl: Fahr mal nochmal hin! Auf der Station erfahre ich, dass Helena inzwischen verlegt wurde. In finde sie zusammen mit drei dementen Patientinnen in einem Vierbettzimmer. Ihr Enkel Tom ist gerade im Aufbruch.

»Meine Eltern konnten heute Vormittag noch mit ihr reden«, sagt er. »Jetzt ist sie nicht mehr ansprechbar.« Er streicht ihr über den Arm und geht.

Ich trete an das Bett. »Helena? Ich bin's, Hannah.«

Ihre Augen sind geöffnet, aber sie schaut mich nicht an. Ihr Gesicht kommt mir ganz schmal vor. Die Haare sind so zerzaust, als hätte sie eine große Anstrengung hinter sich. Nun liegt sie da und kann nicht mehr.

Die Frau im Fensterbett singt mit hoher Stimme: »Der Kuckuck und der Esel …«

Eine Schwester kommt herein, ich wende mich ihr zu.

»Ich glaube, es geht mit Helena zu Ende«, sage ich sehr leise. »Könnte man nicht wenigstens einen Wandschirm …?«

»Nein, nein«, beruhigt sie mich, »Sie kann ja noch trinken und ihre Pillen nehmen.«

Ich setze mich zu Helena ans Bett, nehme ihre schlaffe Hand. »Hörst du mich? Ich bin da. Ich pass' auf dich auf.«

Im selben Moment rauscht eine weitere Besucherin herein: Stefans Schwiegermutter. Sie hat sich feingemacht und Blümchen mitgebracht. »Helena!«, ruft sie. »Was machst du nur für Sachen!« Ihre Absätze klackern ans Bett. Sie strahlt die Kranke an, doch die strahlt nicht zurück. »Helena …?«

Ein irritierter Seitenblick zu mir. »Warum antwortet sie mir nicht?« Ich höre die Unsicherheit in ihrer Stimme.

»Sie können ihre Hand nehmen«, schlage ich vor. »Das merkt sie schon. Da bin ich ganz sicher.«

Aber die Besucherin nimmt lieber den Kamm, der auf dem Nachttisch liegt. »Wie siehst du denn nur aus?!«, sagt sie in lauter, vorwurfsvoller Fürsorge und beginnt, Helenas Haar zu kämmen. »Das bringen wir jetzt erst mal in Ordnung.«

Da geht ein Ruck durch Helenas Körper. Sie hebt den Arm und greift meine Hand. Ich will das jetzt nicht mehr! sagt mir diese Geste. Dann schnappt sie ein letztes Mal heftig nach Luft. Ihr Körper erschlafft. Aber ihre Hand umschließt immer noch meine Hand.

Auf Wiedersehen in Afrika

Andi hat einen Sprachfehler, er stottert. Aber er hat auch strahlend blaue Augen und ein verschmitztes Lächeln.

In jungen Jahren hat er wegen des Stotterns mal einen Sprachkurs besucht, aber die Teilnahme war nur von kurzer Dauer, weil er währenddessen seine Liebe zum weiblichen Geschlecht entdeckte. Dadurch fehlte ihm dann einfach die Zeit für den Kurs. Und bei den Frauen war ihm das Stottern sowieso nie hinderlich.

Jetzt ist er Mitte fünfzig. Beim Hospizdienst hat er sich eine Begleiterin gewünscht, die »lustig« sein sollte. Daraufhin fragten sie mich, ob ich noch eine zusätzliche Begleitung übernehmen könne. Es handele sich um einen alleinlebenden, lungenkranken Mann, von Beruf Schreiner. Offenbar erfülle ich seine Bedingungen. Und das Stottern stört mich tatsächlich kein bisschen.

Ihn übrigens auch nicht. Andi redet gern. Und viel. Schon beim ersten Besuch habe ich bald das Gefühl, diesen dünnen, blonden Mann seit Jahren zu kennen. Wir sitzen im Wohnzimmer, dem einzigen Zimmer überhaupt, wo auf dem behelfsmäßigen Schlafsofa bloß eine zusätzliche Matratze liegt. Bei einem Schwerkranken habe ich ein Pflegebett erwartet. Aber Andi winkt ab: »Der Aufwand lohnt sich für mich nicht mehr.«

Er erzählt mir von seinen Freunden, seinen Geschwistern und von seiner Mutter, die ihn nicht besucht. Vom vielen Reden bekommt er Atemschwierigkeiten. Doch das veranlasst ihn nicht, seinen Redeschwall zu bremsen. Stattdessen versucht er, die Luftnot durch ein Atemspray zu lindern – ohne viel Erfolg.

Bis zur Wiedervereinigung hatte er eine kleine Firma, die er danach wegen mangelnder Aufträge aufgeben musste. Er war nach Afrika gegangen, nach Gambia.

»Einfach so?«, staune ich. »Ohne Sprachkenntnisse?«

»Einfach so«, nickt er.

»Ohne Aussicht auf einen festen Arbeitsplatz?«
Er nickt wieder.
Sein Mut beeindruckt mich sehr. »Und?«, frage ich gespannt. »Wie ist es gelaufen?«

Wieder dieses verschmitzte Lächeln. »Am Anfang gar nicht gut ...« Zeitweilig hat er unter Bedingungen gelebt, die ich mir kaum vorzustellen vermag, geschweige denn, dass ich selbst in der Lage wäre, eine solche Lebenssituation zu ertragen. Aber Andi hat durchgehalten, hat seinen Traum nicht aufgegeben. Der dünne, blonde Mann mit den blauen Augen beginnt mich zu faszinieren. Er zeigt mir Fotos von Häusern, die er in Gambia für ein Hotelunternehmen gebaut hat. Sowohl Außen- als auch Innenaufnahmen.

»Einfach toll!« Ich betrachte fasziniert die Einrichtung einer Lodge in einem der großen Nationalparks. »Damit hast du dich in Afrika ja wohl verewigt!«

Auf den nächsten Fotos ist eine hübsche, junge Afrikanerin zu sehen. »Meine Frau«, sagt er stolz. »Wir haben geheiratet, als ich dort einigermaßen Fuß gefasst hatte.«

Inzwischen hatte er gelernt, wie man in Afrika mit den Behörden umging. Er kannte sich aus. Eine bessere Zeit hatte begonnen. Doch dann brach seine Krankheit aus. Zuerst glaubte er, es sei eine Bronchitis oder Lungenentzündung, die einfach nicht ausheilen wollte. Er reiste zur Genesung nach Deutschland. Nur vorübergehend. Doch nach der Untersuchung erfuhr er, dass er unheilbar erkrankt war.

»Tja, da ist eben nichts mehr zu machen«, sagt er mit einem Lächeln. »Ich werde bald sterben.«

Er hat das Bedürfnis, offen über seine Krankheit und den nahenden Tod zu sprechen, will seine Gefühle und Gedanken dazu mitteilen. »Mit meinen Geschwistern funktioniert das nicht. Die wollen mir immer einreden, ich wär' bald wieder kerngesund. Die wollen's nicht wahr haben. Aber es ist ja nun mal so.«

Wir unterhalten uns auch viel über Musik. Einmal bringe ich ihm eine CD von Michael Jackson mit, doch als wir sie in den Player gelegt haben, fällt uns auf, dass keine Milch mehr für den Kaffee da ist. Also gehe ich los, um welche zu kaufen, und als ich zurückkomme, höre ich Michael Jackson schon auf der Straße: »I'm bad, I'm bad, you know it ...« Andi hat die Musik so laut gestellt, dass er nicht merkt, wie ich Tür öffne und wieder ins Zimmer trete. Erst zuckt er zusammen. Dann zieht sich das vertraute Grinsen über sein Gesicht. »Oh, erwischt! Mama kommt!«, ruft er und zieht ängstlich den Kopf zwischen die Schultern. Da müssen wir lachen, bis die Luft knapp wird.

Ich würde gerne mit Andi spazieren gehen, aber er schafft nur noch kurze Strecken. »Hast du denn keinen Rollstuhl?«

Das Thema ist ihm sichtlich unangenehm. »Doch«, sagt er, »demnächst kriege ich wohl einen.« Es klingt ausweichend.

»Und?«, hake ich beim nächsten Besuch nach. »Rollstuhl eingetroffen?«

»Der steht da hinter der Tür.« Er deutet vage in die Richtung. »Da passt er ganz gut hin.«

»Und hast du ihn schon ausprobiert?«

Er verzieht das Gesicht. »Nee, das ist nichts für mich.«

Ich sehe das anders. Für mich ist der Rollstuhl der Startschuss. »Mensch, was wir jetzt alles zusammen machen können!« Wir planen einen Nachmittag in den *Gärten der Welt*. Ich hole den nagelneuen Rollstuhl hinter der Tür hervor und verfrachte ihn in den Kofferraum meines Autos – eine mühselige Angelegenheit, denn ich bin nicht besonders kräftig.

»Ich würde dir ja gern helfen ...« Andi zuckt bedauernd die Achseln. Und ab geht's ins Grüne!

Es ist ein schöner Tag, blauer Himmel und Sonnenschein. Schließlich haben wir den Wonnemonat Mai. Das Rondell am Eingang der *Gärten* ist mit bunten Stiefmütterchen bepflanzt, und als

Rollstuhlfahrer werden wir gleich durchgewunken. »Das ist ja mal wirklich schicki!« Andi ist beeindruckt. »Da lohnt sich das Behindertsein.« Er findet es jetzt auch gar nicht mehr so unangenehm, durch die Gegend kutschiert zu werden. »Man kann ja doch mehr genießen, wenn man sich dabei nicht so quälen muss.«

Im Märchengarten blühen die Rhododendren in zartem Rosa, Pink, Lila und Weiß. Das gefällt mir vielleicht noch viel besser als ihm. Aber er lässt sich nichts anmerken und zählt mir anhand der Figuren artig jedes dargestellte Märchen auf. Wir haben Spaß und lachen viel, besichtigen jeden angelegten Garten und bleiben den ganzen Nachmittag.

Ein paar Wochen später besichtigen wir auch den Parkfriedhof. Das Atmen fällt Andi inzwischen immer schwerer. Er ist zu schwach zum Laufen. Auf dem Parkfriedhof will er beigesetzt werden.

»Ist doch schön hier«, nickt er, »gefällt mir.« Er schaut sich um. Die Sonne scheint durch das dunkelgrüne Laub der hohen Bäume. Die Vögel zwitschern. »Und guck dir das an!« Die Meisen landen auf seiner Hand, um sich Nüsse zu holen. Ein Eichhörnchen reckt den Hals und kommt an den Rollstuhl, offensichtlich mit demselben Begehren.

»Hier liegt man gut«, sagt Andi, »hier neben so einer Stele, das passt. Ich mag bunte Blumen.«

Es beeindruckt mich sehr, wie er einerseits fast gelassen seinem Tod entgegensehen und andererseits immer noch so viel Interesse, Spaß am Leben und Freude an unseren Ausflügen haben kann. Wenn er sich bei mir für die schönen Stunden bedankt, bin ich sicher, dass es ihm wirklich gefallen hat.

Natürlich denkt er viel an Afrika und erzählt auch immer wieder davon. »Ich würde gerne noch mal hinfahren. Auf Wiedersehen sagen. Oder vielleicht gleich da bleiben …«

Aber er weiß, dass er die Reise nicht mehr schaffen würde.

Bei meinem vorletzten Besuch sagt er zu mir: »Es könnte jetzt ruhig zu Ende gehen. Ich hätte nichts dagegen.«

Ich widerspreche ihm nicht. Die Krankheit quält ihn sehr.

»Wirklich schade ist nur, dass du dann nicht mehr kommst.« Er sieht mich an, zuckt wieder hilflos die Achseln.

»Ich besuch' dich trotzdem«, sage ich. »Auf dem Friedhof.«

Als nächsten Ausflug haben wir eine Dampferfahrt geplant. Andi geht es aber nicht gut. Da es draußen sehr heiß ist, bleiben wir in der Wohnung. Er ist irgendwie sehr aufgedreht. Ich koche uns Kaffee, und wir reden den ganzen Nachmittag.

Beim nächsten Besuchstermin öffnet er nicht mehr die Tür.

Ich erfahre, dass er am Wochenende verstorben ist. Er wird auf dem Parkfriedhof beigesetzt, und ich kann ihn auf seinem letzten Weg begleiten. Nun besuche ich ihn dort. Und jedes Mal frage ich: »Na, Andi? Schön in Afrika?«

Der Unterschied

Diesmal gehe ich in ein richtiges Heim, zu Frau Banse. Sie ist 86 und wohnt hier schon seit einiger Zeit. Aber eingelebt hat sie sich nicht. Deshalb hat die Heimleitung um eine Begleitung für sie gebeten.

»Oh, das könnte Probleme geben«, warnt mich die Schwester gleich. »Frau Banse ist sehr schwierig, und ängstlich ist sie auch, will nicht allein sein, deshalb steht ihre Tür immer offen. Aber ihre Stimmung schwankt stark. Es kann genau so gut passieren, dass sie Sie gleich wieder rausschickt. Uns Schwestern geht das oft so.«

Für meinen Geschmack sind das fast schon zu viele Informationen. Ich mache meine ersten Erfahrungen gern selbst.

»Da vorne, die 312.« Die Schwester deutet mir die Richtung.

Die Frau im Bett ist ziemlich korpulent. Sie mustert mich aus schmalen Augen, den Mund fest zusammengepresst.

»Guten Tag, Frau Banse.« Ich stelle mich vor und strecke ihr die Hand entgegen. Als unsere Finger sich berühren, spüre ich etwas Hartes, Glitschiges an meiner Handfläche. Frau Banse lässt ihren Arm sinken. Ich starre auf den Gegenstand, den sie mir gegeben hat: ihr Gebiss. Gelblich-rosa liegt es in meiner Hand und glänzt im Licht der Deckenlampe.

Ich reagiere spontan. Das Ding in meiner Hand ekelt mich. Ich eile ins Bad, lege die Zähne auf den Beckenrand und wasche mir sehr gründlich die Hände. Danach stellt sich so etwas wie Galgenhumor ein. »Wollten Sie mir bloß die Zähne zeigen, oder soll ich sie abwaschen?«, frage ich die Frau im Bett.

Keine Reaktion. Aber ich weiß jetzt, warum ihr Mund so unglaublich verkniffen aussieht. Andererseits: Vielleicht mag sie ohne Zähne ja einfach nicht reden. Vielleicht ist es ihr peinlich?

Im Bad streife ich die mitgebrachten Gummihandschuhe über, spüle die Beißer ab und schrubbe sie ein bisschen mit der Zahnbürste, die dort steht. Schaden kann es nicht. Dann bringe ich sie zurück zu Frau Banse, die schiebt sie sich in den Mund, bleckt einmal das Gebiss – und schweigt weiter.

»Darf ich die Tür zumachen, Frau Banse?« Ich rede laut, falls sie schwer hört.

»Ja«, kommt es ebenso laut zurück.

Wo ist die Angst, die mir angekündigt wurde? Habe ich Frau Banse schon ein wenig davon ablenken können? Ohne die Geräusche vom Flur herrscht im Raum eine angenehme, ruhige Atmosphäre. Das Zimmer ist ganz individuell eingerichtet. Während ich mit Frau Banse die ersten Sätze tausche, schaue ich mich um. Sie hat viele persönliche Gegenstände und Möbelstücke von zuhause mitgebracht. »Sie haben ja sogar einen eigenen Kühlschrank. Das ist ja praktisch.«

Sie schaut mich nachdenklich an. »Momentan lebe ich in keiner festen Beziehung«, stößt sie undeutlich hervor.

Hat sie mich missverstanden? Oder ist sie ein wenig durcheinander? Ich wiederhole die Frage.

»Ja«, sagt sie, »ja, ja.« Aber ich habe nicht das Gefühl, dass sie mich verstanden hat. Weitere Fragen folgen. Meine Vermutung bestätigt sich. Frau Banse weiß tatsächlich mit vielem, was ich anspreche, nichts anzufangen, sagt dann einfach irgendetwas. Das Reden strengt sie an. Manchmal nuschelt sie so stark, dass ich die Worte kaum verstehen kann. Und immer wieder sagt sie: »Weiß ich nicht.« Oder: »Ach, das fällt mir jetzt nicht ein.« Ich glaube, sie hat vieles vergessen.

Außerdem ist sie mir gegenüber extrem reserviert.

»Unser Gespräch heute ist so etwas wie eine Testphase«, erkläre ich ihr. »Um zu schauen, ob es zwischen uns passt. Jeder darf dem anderen ganz ehrlich sagen: Ich möchte nicht mehr. Haben Sie das verstanden, Frau Banse? Sie können mir jederzeit sagen: Bitte, gehen Sie jetzt. Und dann gehe ich.«

Sie nickt mit ernster Miene. »Das habe ich verstanden.«

»Und?«

Ihr Gesicht verzieht sich zu einer Grimasse des Zweifels.

»Sie sind so viel jünger als ich«, stößt sie hervor. »Sogar jünger als meine Kinder! Ich weiß nicht, ob wir überhaupt –«

Sie unterbricht sich, weil ihr die Luft knapp wird.

»Über bestimmte Dinge würde ich jedenfalls lieber mit jemand Älterem reden!«, schnauft sie dann.

Das trifft mich. An meinem Alter kann ich nichts ändern.

»Aber es gibt sicher Themen, die auch wir miteinander besprechen können. Wir müssen es nur versuchen«, halte ich sehr sachlich dagegen. »Ist das Ihre Familie da auf dem Foto?«

Sie wendet den Blick zum Nachttisch. »Meine Jüngste mit ihrem Mann und den Kindern.«

»Ach? Haben Sie viele Enkel?«

»Fünf«, sagt sie, »fünf Enkel hab' ich.«

»Aber die sind nicht alle auf diesem Foto …«

»Nein, aber auf dem anderen da an der Wand.«

Als ich das Bild hole, stellt sie mir der Reihe nach alle Personen darauf vor und weist anschließend gleich auf das nächste Bild. Sie redet sich in Schwung. Es macht ihr offensichtlich Spaß. Aber es strengt sie auch an. Ihre Stimme wird heiser, die Worte verwischen. Höchste Zeit, dass ich mich verabschiede.

»Möchten Sie denn, dass ich nächste Woche wiederkomme, Frau Banse? Bitte seien Sie ehrlich.«

»Ja, sehr gerne«, nickt sie.

Das freut mich natürlich. »Dann komme ich.« Ich schüttele ihr die Hand, diesmal ohne Gebiss. Und im Gehen rufe ich laut: »Frau Banse, ich lasse die Tür auf!«

Immerhin ein kleines Erfolgserlebnis. Trotzdem gestaltet sich die Annäherung schwierig, zumindest aus meiner Sicht. Ich bin gespannt auf die zweite Begegnung mit Frau Banse.

Sie sitzt im Bett, schaut mir freundlich entgegen, reicht mir die Hand – und wirklich nur die Hand. Ich nehme Platz.

Da durchzuckt es mich plötzlich siedendheiß. »Au weia! Ich muss Ihnen etwas beichten, Frau Banse. Ich hab' jetzt einfach die Tür hinter mir zugemacht, ohne Sie zu fragen. Entschuldigung!« Sie fixiert mich aus schmalen Augen.

»Aber ich mache sie auch gerne wieder auf. Das müssen Sie entscheiden. Soll ich die Tür öffnen oder lassen wir sie zu?«

Sie überlegt kurz. Dann bestimmt sie: »Zulassen!«

Das nächste Mal werde ich sie nicht mehr fragen.

Es gibt Kaffee.

»Darf ich Ihnen denn eine Tasse anbieten, liebe Frau Banse?«

»Sehr gern«, erwidert sie.

Bald darauf muss sie zur Toilette.

Sie wuchtet die Beine über die Bettkante, windet sich in ihren Bademantel und deutet mit herrischem Zeigefinger auf den Boden.

»Schuhe her!«, kommandiert sie.

Was für ein Ton! Ich fühle mich behandelt wie ein Lakaien in der Zarenzeit. Dabei sollte doch gerade die gegenseitige Achtung bei einer Begleitung immer gewahrt werden.

»Es gibt ein Wörtchen, das heißt bitte.« Ich schenke ihr ein freundliches Lächeln, rühre mich aber nicht vom Fleck.

Sie reagiert schnell: »Bitte, geben Sie mir meine Schuhe.«

»Sehr gerne, Frau Banse.«

Als sie von der Toilette zurückkommt, hat sich ihre Stimmung verändert. Sie wirkt bedrückt. »Man lebt ja hier im Hause mit ganz vielen«, sagt sie, »und trotzdem ist man doch oft sehr allein.« Pause. Ich sehe, wie ihre altersfleckigen Finger sich verhaken, als müssten sie sich gegenseitig festhalten. Da ist zum ersten Mal auch für mich die Angst spürbar, von der die Schwester gesprochen hat. »Sehr, sehr allein«, seufzt Frau Banse. »Das lässt sich nur schwer ertragen.«

»Aber Sie haben doch Ihre Kinder und die fünf Enkel«, wende ich ein. »Die kommen Sie doch besuchen.«

»Ach Gott, wann denn?! Zu Weihnachten und zu Pfingsten.« Es klingt verbittert. »Die wollen doch nichts mit mir zu tun haben. Die haben Angst vor mir.«

Sie erzählt mir, dass sie ihre beiden Töchter alleine aufgezogen hat. »Da musste ich streng sein, das ging nicht anders. Schließlich musste ich alles alleine entscheiden. Es wird gemacht, was Muttern sagt! Und aus!« Ihre Handfläche knallt auf die Bettdecke, dass es staubt. »Ich war das Pferd mit dem starken Rücken. Auf mir ruhte alle Last. Und so wird's einem gedankt.«

Sie senkt den Kopf, schließt für einen Moment die Augen. Mir kommt es so vor, als kämpfe sie mit den Tränen. Aber dann setzt das unzufriedene Nuscheln wieder ein, das ich bereits kenne: »Was soll man da machen? Soll man schimpfen? Oder sich aus dem Fenster stürzen? Gar nichts kann man machen, wenn man alt ist. Überhaupt nichts.«

»Aber es gab doch bestimmt auch etwas Schönes in Ihrem Leben«, sage ich, um sie abzulenken. »Sie sind doch auch stolz auf Ihre Kinder.«

»Ja, schon.« Und dann erzählt sie mir von ihren beiden Töchtern, von deren Berufen und Familien und von den Enkeln. Ein schönes Thema ist gefunden.

Auf den ersten Blick wirkt Frau Banse heute ausgeglichener. Sie war beim Friseur und sie lächelt sogar. Aber im Laufe unseres Gesprächs kommen ihre Verstimmungen und Ängste wieder auf. Die alte Unzufriedenheit mit sich und der ganzen Welt ist wieder da.

»Haben Sie das letzte Woche ernst gemeint?«, frage ich vorsichtig. »Das mit dem Fenster?«

Sie schaut mir direkt in die Augen. »Wenn man alt und krank und einsam ist, kommen einem solche Gedanken.« Ihre Stimme ist hart und klar. »Ich denke oft daran, mir das Leben zu nehmen. Ist das so abwegig? Dass man selber einen Punkt setzen möchte, nach eigenem Ermessen? Die Zeit, die ich hier verbringe, ist doch nur noch ein Abwarten.« Ihr Blick schweift zu der geschlossenen Tür, dann wieder zurück zu mir. »Aber wissen Sie, was mich wundert? Dass ich Ihnen das alles erzähle. Das ist sonst nicht meine Art. Normalerweise mache ich so was mit mir allein aus.«

»Aber vielleicht nur notgedrungen«, wende ich ein, »weil keiner da ist, dem Sie sich anvertrauen könnten.«

»Ich wollte Sie damit eigentlich nicht belästigen.«

»Aber ich finde es gut, dass Sie es mir erzählt haben! Es ist immerhin ein Anfang! Ich glaube nämlich, dass Sie sich mit der Vergangenheit und ihrer Krankheit und auch mit ihren Ängsten auseinandersetzen sollten. Um sie irgendwann zu überwinden.«

In ihrer Miene flackert der Zweifel. »Meine größte Angst ist im Augenblick, dass ich heute Nacht nicht schlafen kann, nachdem wir all das aufgerührt haben.«

»Kann sein«, nicke ich. »Aber vielleicht sagen Sie mir nächste Woche auch, dass es Ihnen gut getan hat, darüber zu reden.«

»Meinen Sie? Na, ich weiß nicht.«

»Wir werden sehen.«

Heute bekommt sie schlecht Luft.

»Los! Sauerstoff!«, kommandiert sie.

»Ach, liebe Frau Banse ...« Ich verschränke die Arme vor der Brust. » Wo ist denn bloß das Wörtchen mit den beiden ›t‹ in der Mitte abgeblieben?«

»Bitte, geben Sie mir das Sauerstoffgerät.«

»Gern, liebe Frau Banse.«

Sie greift nach der Gesichtsmaske, aus der das Gas strömt, und atmet gierig. Danach geht es ihr besser.

»Haben Sie denn nach unserer Unterhaltung letzte Woche wirklich schlecht geschlafen?«

»Ja.« Wieder dieser harte Ton. »Aber wir machen jetzt trotzdem genau da weiter, wo wir letztes Mal aufgehört haben.«

Welch ein Widerspruch! Aber offensichtlich hat es ihr doch gut getan, über die Dinge zu sprechen. Ich bin verwirrt, aber auch erleichtert, denn ich hatte schon ein schlechtes Gewissen.

Als Gegenmaßnahme habe ich ihr Zeitschriften mitgebracht. »Wenn Sie sich das nächste Mal einsam fühlen, nehmen sie sich die bunten Blättchen vor. Das bringt Sie auf andere Gedanken.«

»Gern«, sagt sie. Und etwas später: »Werden Sie sich denn freuen, wenn ich gestorben bin?«

Ich spüre ihren forschenden Blick. Das ist eine schwere Frage.

»Wenn es so kommt, wie Sie es wollen, wenn Sie irgendwann ganz in Ruhe einschlafen – ja, dann freue ich mich.«

»Ja, wenn es so käme, das wäre ein Fest!«, sagt Frau Banse. »Aber man sieht hier im Haus so viel anderes, wenig Festliches. Die Chancen stehen wohl nicht besonders gut.«

»Man kann nie wissen«, halte ich dagegen.

»Nein, das kann man nicht.«

Noch später, beim Abschied, sagt sie: »Ihr Besuch hat mir heute besonders gut gefallen.«

Das ist doch der schönste Lohn, den ich bekommen kann.

Als ich das nächste Mal komme, ist ihre Tür geschlossen. Davor steht eine Laterne, in der ein Teelicht flackert. Das kann doch nicht sein. Habe ich mich etwa in der Tür geirrt?

Eine Schwester bemerkt meine Verwunderung.

»Frau Banse ist heute morgen nicht mehr aufgewacht«, erklärt sie mir. »Einfach so.«

»Das gibt's doch nicht! Sie hat sich das so sehr gewünscht! Und nun ist es tatsächlich eingetreten.« Wie mich das freut!

Die Schwester stellt die Laterne zur Seite und schiebt mich in das Zimmer. »Gehen sie ruhig hin, Frau Banse liegt noch in ihrem Bett.« Es sind nur ein paar Schritte. Ich atme tief durch.

Sie sieht aus, als ob sie bloß Mittagsschlaf hält. Entspannt, ruhig und zufrieden. Ich schüttele den Kopf, mir fehlen die Worte. Mit allem habe ich gerechnet, nur nicht damit, dass diese unzufriedene, getriebene Frau so ruhig entschlafen würde. Welches Glück für sie. Welche Erleichterung.

Draußen im Flur spricht die Schwester mich noch einmal an. »Eins verstehe ich nicht«, beginnt sie nachdenklich. »Wir waren doch jeden Tag hier vor Ort und haben uns um sie gekümmert. Aber uns hat sie rausgeschmissen. Und Sie sind stundenlang bei ihr gewesen. Stundenlang! Und es war ihr ganz recht.«

Worauf will sie hinaus? »Kommt da etwa Neid auf?« Die Frage entschlüpft mir spontan. Sie klingt nach Provokation, das hatte ich gar nicht beabsichtigt. Aber ich sehe, wie die Schwester für einen Moment ihre Brauen zusammenzieht, und weiß, dass ich den Nagel auf den Kopf getroffen habe.

»Sie haben hier viele Patienten zu betreuen«, sage ich deshalb schnell, »und ich habe nur einen Menschen, den ich begleite. Da liegt der Unterschied.«

»Das stimmt«, nickt sie, »wir stehen bei der Arbeit immer unter Zeitdruck. Wir können gar nicht so lange bei einem Patienten bleiben, wie wir gerne möchten.«

»Daran liegt es«, sage ich. »Für mich ist das keine Arbeit, und deshalb gibt es auch keine solchen Auflagen. Ich bin nur zu Frau Banse gekommen und konnte ihr deshalb meine ganze Aufmerksamkeit widmen. Deshalb ist es doch eigentlich gut, dass Sie den Hospizdienst angefordert haben.«

Sie nickt wieder. »Das Heim hat Sie angefordert«, verbessert sie mich. »Aber Sie haben schon recht, so erfüllt jeder seine Aufgabe.«

Spätes Glück

Von einer schwerkranken Frau erwartet man keine überschwängliche Freude mehr. Man erwartet nicht, dass sie sich »sehr gut« fühlt. Aber genau das sagt sie, als ich frage, wie es ihr geht: »Ich bin jetzt der glücklichste Mensch auf der Welt.« Dabei hat sie ständig Schmerzen, die Schwester hat es mir gesagt. Und wir wissen alle drei, dass ihr Leben bald zu Ende gehen wird. Andere Menschen in ihrer Lage würden mit dem Schicksal hadern, wären wütend, traurig oder resigniert.

Sie aber strahlt. Ihre Freude ist echt.

»Das wundert Sie jetzt, nicht wahr?« Auf ihrem Gesicht liegt ein stilles Lächeln. »Wenn Sie ein bisschen Zeit haben, erzähle ich Ihnen, warum das so ist…«

Mitten in der Nacht ist sie hochgeschreckt. Das ist noch keine zwei Monate her. Sie hatte geträumt, wurde plötzlich wach: Ihr Herz klopft wie wild. Die Hände zittern. Wo bin ich? Was ist mit mir? Der Raum ist ihr fremd, der Geruch des Bettzeugs, das grünliche Licht neben der Tür. Jemand stürzt herein.

»Frau Biel? Alles in Ordnung?«

Hat sie etwa geschrien? Den Alarmknopf gedrückt?

»Nein«, stößt sie mit rauer Stimme hervor, »nichts ist in Ordnung, gar nichts!« Und meint damit alles, ihr ganzes Leben, das völlig aus den Fugen ist.

Die Schwester scheint das zu spüren. Sie nimmt ihre Hand. »Sie sind ganz nassgeschwitzt. Möchten Sie ein frisches Nachthemd anziehen?«

Während sie mit den Kleidungsstücken hantieren, fällt es ihr nach und nach wieder ein: zuerst der lange Krankenhausaufenthalt, nun die Kurzzeitpflege, hier in dieser fremden Einrichtung. »Ich hab' von Sybille geträumt, von meiner Tochter«, sagt sie. »Dauernd träume ich von ihr. Ich hab' ja nur das eine Kind.« Sie stutzt. Seufzt. »Ach nein, und hab's auch wieder nicht mehr.«

»Sie hat Sie noch gar nicht hier besucht, oder?«

»Nein. Sie weiß nicht, dass ich hier bin. Sie weiß nicht, wie's mir geht.« Es klingt selbst in ihren Ohren verbittert, wie muss es erst der Schwester vorkommen?! »Ich hab' Sybille seit über zehn Jahren nicht mehr gesehen.«

»Wie schade. Lebt sie im Ausland?«

»Nein. Jedenfalls nicht, dass ich wüsste.« Während die Schwester das zerwühlte Laken strafft, das Kopfkissen aufschüttelt und ihr auf die Toilette hilft, beginnt sie zu erzählen. Es ist nach all der Zeit das erste Mal, dass sie über Sybille spricht. Ein Wunschkind, in Liebe aufgezogen. Ein Kind, das auch später nie größere Probleme gemacht hat. Sie verstanden sich gut, Mutter und Tochter. Konnten über alles reden. Na ja, fast alles. Und sie haben so vieles miteinander unternommen. Auch später noch, als Sybille schon ausgezogen war und ihr eigenes Leben führte, eine eigene Familie hatte.

»Sie hat mich lange Jahre jung gehalten«, sagt sie zu der Krankenschwester, die sich nun hingesetzt hat und ihr nur noch zuhört, nichts anderes mehr tut. »Wir haben zusammen Kleider ausgesucht, Möbel, allen möglichen Schnickschnack. Wir haben viel zusammen gelacht.« Ihre Stimme klingt so trostlos und gebrochen, sie kann es nicht ändern.

»Warum rufen Sie Sybille nicht einfach an?«

»Das geht nicht.«

»Warum nicht? Weil Sie sich gestritten haben?«

»Ja, deswegen auch.«

»Aber Sie konnten doch früher mit ihr reden. Nach zehn Jahren wird es höchste Zeit.«

»Nach dem Streit haben wir den Kontakt abgebrochen.«

»Nehmen Sie ihn einfach wieder auf. Sie haben ein Telefon.«

»Ich würde mich gern von Sybille verabschieden ...«

»Dann tun Sie's!«

»... damit es sie nicht ganz überraschend trifft. Die Nachricht, dass ihre Mutter gestorben ist. Wer überbringt denn so was überhaupt? Kommt das mit der Post?« Ihre Stimme kippt, sie muss sich räuspern. »Ich will nicht, dass sie plötzlich dasteht und ... und sehen muss, wie sie mich unter die Erde bringt ... und den Hausstand auflöst und ... und all das!« Sie fährt sich mit dem Handrücken über den Augenwinkel. »Wir müssen uns vorher doch wenigstens noch aussprechen.«

»Melden Sie sich bei ihr«, sagt die Schwester leise.

»Ich sage Ihnen doch, es geht nicht!« Sie zieht die Bettdecke bis an den Hals. »Ich habe jeglichen Kontakt zu ihr verloren.«

Sie schaut mich an, atmet tief ein und wieder aus. Dann greift sie in die Nachtischschublade und zieht ein veilchenblaues Stück Papier hervor. »Zwei Tage später brachte die Krankenschwester mir diesen Zettel.« Darauf sind ein Name, eine Vorwahl und eine achtstellige Nummer notiert. »Und Sie wissen ja, ich habe ein Telefon.« Sie hat viele kleine Fältchen um ihre Augen, wenn sie lächelt. »Sybille hat mich mit ihren beiden Jungs schon ein paar Mal besucht. Seitdem bin ich der glücklichste Mensch der Welt.«

Frisch frisiert

Jetzt ist es so weit. Jetzt kann ich gehen.

Meine beiden Mädels sind in Urlaub. Da muss ich sie nicht weinen sehen. Mir ist es lieber so. Verabschiedet habe ich mich schon, ganz innig und herzlich. Sie haben es nicht bemerkt. Aber das sollten sie auch nicht. Das wollte ich so.

Hoffentlich nehmen sie's mir nicht krumm.

Vorwürfe werden sie sich trotzdem machen. Aber wieso eigentlich? Es ist doch meine Entscheidung. Auf das schlechte Gewissen meiner Kinder kann ich jetzt keine Rücksicht nehmen.

Alles Wichtige ist geregelt. Alles ist vorbereitet. Ich habe mich entschieden.

Warum? Weil ich glaube, dass es die beste Lösung ist. Für mich. Für alle anderen. Ich habe in den letzten Monaten schon viel zu viel mit mir zu tun, mit meinem Körper, meiner Hülle. Der Kopf funktioniert noch ganz gut. Nein, ich will ehrlich sein, manchmal setzt auch der Kopf schon aus. Es wird Zeit für mich. Höchste Zeit.

Frau Wolke wird mich verstehen. Sie versteht vieles, hat viel Erfahrung mit solchen wie mir, die kurz vor dem Ende stehen, so oder so. Mit Frau Wolke rede ich später. Und zwar Klartext. Ihr kann ich sagen, was ich denke. Sie wird es mir nicht übel nehmen. Und auch nicht versuchen, mich umzustimmen. Denn manchmal hat man wirklich seine Gründe.

Gerade hat sie mich wieder besucht. Wir haben gelacht, viel gelacht. Das ist auch etwas Merkwürdiges. Seit ich meine Entscheidung getroffen habe, kann ich wieder lachen. Und ich bin froh, dass jemand mitlacht.

Ich weiß gar nicht, wie lange Frau Wolke schon zu mir kommt, Woche für Woche, bei Wind und Wetter, Schnee und Eis, und an den vielen schönen Sonnentagen. Aber es ist eine lange Zeit. Wir plaudern. Wir gehen spazieren. Wir sitzen zusammen auf einer Bank unter einem Baum. Mit ihr fühle ich mich sicher, vor allem, seit das Sehen bei mir immer mehr nachgelassen hat.

Sie hat mal gesagt, ich erinnere sie an ihre Großmutter. Na, warum auch nicht? Tatsächlich fühle ich mich selbst viel jünger an ihrer Seite. Vielleicht, weil sie so viel Frische mitbringt. Mich ablenkt vom ewigen Grübeln, vom ständigen Kampf mit der maroden Hülle, in der ich nun mal stecke. Wer weiß.

Eine Zeit lang hatte ich sogar das Gefühl, das verdammte Untier Krebs hätte aufgehört, sich in mir auszubreiten. Weil da plötzlich wieder jemand war, der sich für mich interessierte, mich ausfragte nach meiner Kindheit, meiner Jugend, meinem Leben. Es machte mir Spaß, zu antworten. Ich hab' die Erinnerungen genossen. Hab' alles nochmal erzählt, womit ich meinen beiden Mädels schon lange nicht mehr kommen konnte. Für Frau Wolke waren die alten Geschichten neu und spannend.

Ach ja, aber jetzt kommt alles auf einmal. Die Übelkeit. Das Herzrasen. Das Zittern. Auch das Wasser kann ich nicht mehr halten. Inkontinenz nennt man das, dann klingt es weniger entwürdigend. Appetit habe ich schon lange nicht mehr. Und muss immer aufpassen, dass ich nicht stürze. Verletzungen sind kein schöner Anblick.

Natürlich könnte ich ins Heim gehen. Die Kinder haben es nur gut gemeint. Haben wohl auch Angst um mich. Außerdem sind sie inzwischen selbst schon an die siebzig.

Diesen Sommer habe ich mir noch ausbedungen. Den will ich noch hier bleiben, in meiner Wohnung, hab' ich zu ihnen gesagt. Danach sehen wir weiter.

Aber es hat doch alles keinen Zweck mehr.

Mit Frau Wolke habe ich die Möglichkeiten abgewogen. Wir haben ganz offen gesprochen. Ich habe ihr meine Überlegungen mitgeteilt. Sie hat meine Ängste mitgetragen. Und ich weiß, dass sie nichts davon weitererzählen wird. Auch nicht, wenn ich tot bin. Wenn sie zur Trauerfeier eingeladen wird.

Meine Mädels hätte es nur beunruhigt, wenn sie wüssten, dass mich manchmal ganz plötzlich die Traurigkeit überkommt. Ich will auch nicht, dass sie denken, ich sei undankbar. Bei Frau Wolke brauche ich mich nicht zu verstellen. Sie hätte mich auch im Pflegeheim besucht. Das ist sogar ganz in der Nähe.

Sie ist stark, meine Frau Wolke. Sie hat keine Scheu vor diesen Themen. Manchmal habe ich sie bewundert für ihre Geduld. Sie hat auch einiges für mich durchgesetzt. Hat mir die Selbstständigkeit erhalten, solange es ging. Ich denke da an die Badefrau. An den Wäschedienst. Und natürlich an die Friseurin, die ins Haus kommt, seit ich den Weg zum Salon nicht mehr schaffe. Es ist doch schließlich wichtig, dass man um den Kopf immer ordentlich aussieht. Auch heute bin ich frisch frisiert. Das letzte Mal. Aber ich finde, dass es sich trotzdem noch mal richtig gelohnt hat. Ein stilvoller Abschied. Und auch den verdanke ich irgendwie Frau Wolke. Ja.

Der Gedanke gefällt mir.

Mutter und Sohn

Die Stimme am Telefon lässt ein Stakkato von Wörtern, Sätzen, Mitteilungen auf mich einprasseln. Kaum gelingt es, die Verabredung zum ersten Besuch eindeutig festzuhalten.

Die Stimme gehört dem jungen Mann, der mich am nächsten Tag begrüßt. Für einen Mann zart, schmal. Das erste Erstaunen: Beruf Maurer – harte körperliche Arbeit. Bei der Figur? Das zweite Erstaunen: Der so jung wirkende Mann ist längst ein »gestandener« Mann: Er hat »spät« geheiratet und nun »noch« ein kleines Kind, war ich informiert worden.

Und das Allererstaunlichste an diesem jungen Mann mit dem scheinbar nicht zu stoppenden Redeschwall: Er betreut und pflegt seine Mutter, seit vier (!) Jahren – neben seinem anstrengenden Arbeitsalltag.

Nun liegt die Mutter im Sterben.

Ich lasse mich zur Mutter führen. Es ist ein heißer Tag, und sie ist nicht zugedeckt. Ihr Körper wirkt fast wie ohne Substanz, sie nimmt keine Nahrung mehr und nur selten ein wenig Flüssigkeit auf, ihre Augen sind geschlossen, sie scheint zu schlafen.

»Sie ist erblindet«, sagt der Sohn, und »sie hört nichts mehr, höchstens vielleicht, wenn sie das Hörgerät zulässt, ein wenig«. Gleichzeitig spricht er liebevoll zu ihr. Sie braucht permanent künstliche Sauerstoffzufuhr, allerdings stören die kleinen Schläuche des Geräts offensichtlich in der Nase – sie schiebt sie immer wieder beiseite. Sie ist ruhig.

Aber er: In den nächsten drei Stunden tauche ich ein in ein Meer von Erinnerungen, Episoden, Gedanken, Emotionen, eine nicht enden wollende Erzählung des Lebens.

Des Lebens eines Sohns und des Lebens einer Mutter – alleinerziehend, Krankenschwester, selbstständig und verantwortungsvoll, ungewöhnliche Aufgaben nicht meidend, auch wenn sie bedeuteten, den Heranwachsenden frühzeitig in eigene Verantwortlichkeiten zu entlassen. Szenerien von Baustellen tun sich auf, bevölkert mit »guten Kumpels« und weniger netten Auftraggebern, Humor und Verbundenheit werden spürbar. Und große Trauer und Betroffenheit – Unfalltod eines Kollegen. »Ich musste einfach zu seiner Beerdigung gehen – um abschließen zu können.« Tränen – dieser Mann scheut sich nicht, darüber zu sprechen.

Irgendwann in den drei Stunden erscheint seine Frau mit dem halbjährigen Kind auf dem Arm. »Da kommt mein Anker. Nein. Meine zwei Anker!«

Ach ja, und einen Hund gibt es auch. Alt, steif, unsicher auf den Beinen. Er hat seinen selbstverständlichen Platz im fürsorglichen Familienspektrum.

Eine Seele in großer Not, Halt suchend, im Sich-Vergewissern dessen, was war. Um nicht zu benennen, was ist, was bevorsteht? Aber der Abschied steht im Raum, die ruhigen leisen Laute der Sterbenden aus dem Nebenzimmer mahnen ihn an. Ehe ich gehe, nehme ich vorsichtig körperlich Kontakt auf. Die erblindeten Augen öffnen sich weit, wenden sich mir zu, sie scheint mit den Augen zu »hören« …

Der Sohn begleitet mich ins Freie. Er vermag das grelle Tageslicht kaum zu ertragen. Erschöpft. Dankt für das Zuhören.

Zwei Tage später stirbt die Mutter. Die Stimme des Sohnes am Telefon formuliert mühsam, matt, langsam die wenigen Worte, die es braucht für die Mitteilung.

Im stummen Zwiegespräch

»Frau Bach?« Die Pflegerin beugt sich über die Achtzigjährige im Rollstuhl, legt ihr die Hand auf die Schulter. »Hier ist der Herr Schumacher, der kommt Sie besuchen.«

Frau Bach wirkt teilnahmslos. Die Berührung scheint sie zu spüren, aber ihr fehlt die Orientierung. Ihr rechtes Auge dreht sich vage in meine Richtung, das zweite bleibt geschlossen, und schon fällt sie in ihre Versunkenheit zurück.

Ich bin irritiert, fühle mich ziemlich hilflos.

Natürlich hat man mich darauf vorbereitet, dass Frau Bach halbseitig gelähmt ist. Ein Schlaganfall vor sechs Jahren. Ich weiß, dass sie seitdem nicht mehr sprechen und sich auch sonst kaum verständlich machen kann. Dazu kommt angeblich eine erhebliche Altersdemenz. All das hat man mir gesagt. Aber ich bin mir nicht sicher, ob es mir gelingen wird, mich auf die Begleitung einer so schwer vom Schicksal getroffenen Frau einzustellen. Für mich ist das etwas ganz Neues.

So ist es mir sehr recht, dass an diesem warmen Apriltag die Sonne scheint. Wir können erstmal einen Rollstuhlspaziergang durch die Grünanlagen machen. Ich gehe hinter Frau Bach und bin mit Schieben vollauf beschäftigt. Schritt für Schritt gewinne ich den Eindruck, dass das schöne Wetter und die Frühlingsluft ihr gut tun. Und mir auch. Meine innere Verkrampfung löst sich allmählich. Ich schöpfe Mut, und eine Art Neugier steigt in mir auf. Ich möchte Frau Bach gerne kennenlernen.

Auch meine nächsten Besuche finden häufig bei Sonnenschein statt. Während unserer Ausfahrten versuche ich, Kontakt zu ihr aufzunehmen. »Sehen Sie mal, die schönen Maiglöckchen. Wie wär's, wenn wir uns hier ein bisschen niederlassen?« Ich setze mich auf eine der Bänke und beginne, in ihrem kargen Mienenspiel zu forschen. Kein Zweifel, sie hat mich gehört. Jetzt versucht sie unter großen Anstrengungen, mir zu antworten, aber aus ihrem Mund dringen bloß Laute, die ich nicht verstehe, ja nicht einmal deuten kann.

Ich versuche es noch einmal. Wieder ohne Erfolg.

Schließlich überlasse ich uns beide lieber der friedvollen Ruhe unter den alten Bäumen, summe mitunter eine leise Melodie oder »betöre« Frau Bach mit dem Duft eines frisch gebrochenen Fliederzweigs. So kommen wir uns im Laufe der Wochen auch ohne Worte etwas näher.

Ende Juni gibt es schlechte Nachrichten.

»Es geht ihr nicht gut«, sagt mir die Pflegerin. »Ihr Gesundheitszustand hat sich in letzter Zeit sehr verschlechtert.«

Nun liegt Frau Bach im Bett, und mir bleibt nichts anderes übrig, als mich daneben zu setzen. Nur der Blick darf jetzt noch schweifen. Er fällt auf das Klavier, das dem Bett gegenüber steht, in einem Seniorenwohnheim ein recht ungewöhnliches Möbelstück. Ich habe in Erfahrung bringen können, dass Frau Bach früher Musikpädagogin und Chorleiterin war. Aber was nützt mir dieses Wissen, wenn ich doch keinen Weg finde, mit ihr zu kommunizieren?

Unwillkürlich muss ich an das Buch »Schmetterling und Taucherglocke« denken. Darin beschreibt der Autor Jean-Dominique Bauby eindrucksvoll seine Sprach- und Bewegungslosigkeit nach einem Gehirnschlag. Er schreibt direkt aus dieser »Taucherglocke« heraus, indem er mit professioneller Hilfe und kaum vorstellbarer Energie mittels eines Codes von Augenlidschlägen jeden Satz Wort für Wort »buchstabiert«.

Ich vermute, dass auch Frau Bach sich in einer ähnlichen Situation befindet. Aber sie hatte nach ihrem Schlaganfall nicht mehr die Gelegenheit, Mittel und Wege zu erlernen, um mit ihrer Umwelt in Verbindung zu treten. Nun sitze ich an ihrem Bett, und – das Buch verfehlt nicht seine Wirkung – wir suchen und halten Augenkontakt. Unser »Gespräch« besteht aus beiderseitigen Lidschlägen unterschiedlichster Art, vom Zwinkern bis zu regelrechten Augenaufschlagsgewittern, mit denen Frau Bach ihre Befindlichkeit, den Duft einer Blume oder leichte Berührungen kommentiert.

Leider sind solche »Unterhaltungen« nicht immer möglich. Bei sommerlicher Wärme geht es Frau Bach oft gar nicht gut. Sie wirkt apathisch, hält die Augen geschlossen und reagiert auf keine meiner Zuwendungen. Wieder bin ich verunsichert. Sind unsere stummen Begegnungen für sie vielleicht eher deprimierend als tröstlich? Oder ist sie ganz einfach lebensmüde?

Beim Anblick des Klaviers kommt mir eine Idee: Als Junge hatte ich ein paar Jahre Klavierunterricht. Nun beginne ich, zuhause wieder ein wenig zu üben, nehme all meinen Mut zusammen und spiele Frau Bach beim nächsten Besuch ein paar leichtere klassische Musikstücke vor. Ich spiele sie, so gut ich kann, aber natürlich – leider – nicht ganz fehlerfrei. Dem Gefühl nach bin ich wieder der Schüler von damals, und Frau Bach ist die gestrenge Lehrerin, die mir zuhört. Wie wird sie reagieren? Da ich ihr den Rücken zukehre, kann ich ihr Gesicht nicht sehen. Macht ihr der Klang des Instruments Freude? Wecke ich Erinnerungen? Oder geht ihr mein Klavierspiel bloß auf die Nerven?

Aus dem Bett hinter mir höre ich Lautäußerungen, weiß sie aber nicht zu deuten. Zuspruch oder Missfallen? Jetzt halte ich es nicht mehr aus, drehe mich um und sehe, dass Frau Bach weint. Sie weint nahezu tränenlos. Nur eine einzelne Träne verliert sich auf ihrer Wange. Das Klavierspiel erfüllt seinen Zweck.

Trotzdem komme ich aus der Rolle des stümperhaften Klavierschülers nicht heraus. Das Gefühl lässt mich verkrampfen, die Fehler häufen sich. Nach einigen Wochen gebe ich das Vorspielen wieder auf und bringe stattdessen lieber CDs mit: Sinfonien, Klaviermusik, Chorgesang. Die klassische Musik wird unsere gemeinsame Erlebniswelt, die wir zu zweit genießen können: Ich sitze bei Frau Bach, halte ihre Hand, und wir führen unsere »Augen-Gespräche«.

Inzwischen ist es März geworden. Wir kennen uns nun schon fast ein ganzes Jahr. Da erreicht mich, ganz unerwartet, ein Aufschrei aus der »Taucherglocke«. Wir hören Klaviermusik von Franz Schubert. Plötzlich weint Frau Bach, wieder ganz ohne Tränen, und mehr noch, sie reißt ihren Mund auf und schreit – aber es kommt kein Ton. Nur ihr Gesicht formt den heftigen Klageschrei, der für mich unendliche Verzweiflung und Trostlosigkeit zum Ausdruck bringt.

Ich muss an das Bild »Der Schrei« von Edvard Munch denken. Was hat die Musik in ihr ausgelöst? Eine Erinnerung? Oder die Erkenntnis ihrer eigenen wortlosen Ohnmacht?

An diesem Tag kann ich nicht gleich in meinen Alltag zurückkehren. Das Erlebnis beschäftigt mich zu sehr, also trabe ich erst einmal ein Weilchen durch den nahen Wald. Wie kann das Leben so unerbittlich sein?!, frage ich mich. Und so entsetzlich ungerecht?!

An anderen Tagen schläft Frau Bach und wacht während meines ganzen Besuches nicht einmal auf.

Trotzdem kommt es mir so vor, als würden unsere Begegnungen immer intensiver. Manchmal habe ich den Eindruck, dass sie mich erwartet hat. Oder dass sie mich beim Abschied nur ungern gehen lässt und mir mit dem Blick und einer minimalen Kopfbewegung bis zur Tür folgt. Oder sie winkelt, wenn ich am Bett sitze, den linken Oberarm ein bisschen ab, und sobald ich ihn umfasst habe, drückt sie ihn und meine Hand fest an den Körper.

Aber ihre Kraft schwindet zusehends. Von der Pflegerin höre ich, dass sie immer häufiger nicht mehr essen mag. Kein Wunder, wenn man sieht, wie schwer es ihr fällt, selbst den dünnsten Brei hinunterzuschlucken.

Im Juli bringe ich ihr eine Rose zum Riechen. Eine stark duftende Blüte war immer schon das Zaubermittelchen, um Frau Bach die Welt in Erinnerung zu rufen. Während des vergangenen Jahres habe ich mit Flieder, Maiglöckchen, Pfingstrosen, Jasmin und Hyazinthen experimentiert. Aber am meisten mag sie doch die Rose. Ärgerlich ist bloß, dass die holländischen Rosen, die man im Blumenladen bekommt, nicht duften. Die heute mitgebrachte stammt daher aus Nachbars Garten, wo ich für Frau Bach zum Rosendieb wurde.

Ich halte die gelbe Blüte in möglichst geringem Abstand vor ihr Gesicht. Da geschieht das völlig Unerwartete, denn ich hätte nie geglaubt, dass Frau Bach zu dem, was nun folgt, überhaupt noch in der Lage sein könnte: Sie hebt mit äußerster Kraftanstrengung für einen Moment den Kopf, ihre Nase ruckt nach vorn, drängt in die Blüte hinein, saugt geräuschvoll ihren Duft. Und natürlich komme ich ihr mit der Rose entgegen, überbrücke sofort die kleine Nichtberührungsdistanz und nehme wahr, wie sie sich dem Genuss ganz hingibt.

Kein Zweifel, der Schlaganfall hat Frau Bach über Jahre in ihre »Taucherglocke« eingesperrt. Aber an die für sie diagnostizierte ausgeprägte Demenz mochte ich in all der Zeit unseres Zusammenseins nicht recht glauben.

Drei Monate für ein ganzes Leben

Niemand weiß, wann es einen trifft und man seinen letzten Gang antreten muss. Aber wenn einem der Arzt sagt, dass es wohl nur noch wenige Monate sein werden, ist die Welt plötzlich eine ganz andere. So ging es Lisa. Mit siebenundsechzig erfuhr sie von ihrem Nieren-Karzinom und den vielen weiteren Metastasen im ganzen Körper. »Ich musste akzeptieren, dass daran nichts mehr zu ändern ist. Mir blieb ja nichts anderes übrig«, erzählt sie mir später. »Also wollte ich die verbleibende Zeit für alles Wichtige nutzen.« Doch ihr wurde schnell klar, dass sie das, trotz der fürsorglichen Unterstützung ihres Mannes, nicht allein schaffen konnte. Sie holte sich Hilfe.

Wir lernen uns über den ambulanten Hospizdienst kennen und mögen uns auf Anhieb. Da ist sofort das vertraute »du« und ein Gefühl, als würden wir uns schon sehr lange kennen. Schon nach der ersten Begegnung wissen wir: Das stehen wir gemeinsam durch, bis zum bitteren Ende. Drei intensive Monate lang bin ich bei Lisa, so oft es geht. Mit mir bespricht sie alles, was aus dem stetig kreiselnden Strudel ihrer Gedanken einen Weg nach außen findet. Ich bin verblüfft über ihre Offenheit, es gibt keine Scheu, keine Scham. Sie lässt mich teilhaben an ihren Erinnerungen, erzählt von ihrem Leben vor der Krankheit, ihren Kindern, Freunden, besonderen Erlebnissen, ihrer beruflichen Entwicklung, von Freuden und Leiden, was immer ihr in den Sinn kommt. All das zieht in den Gesprächen noch einmal an uns vorbei. Das Erzählen scheint ihr das Gefühl zu geben, dass nichts davon einfach so verloren geht.

Es kommt mir vor, als hätte sie die eigene Traurigkeit über den bevorstehenden Abschied schon hinter sich gelassen. Es gibt keine Tränen mehr angesichts des nahenden Todes. So vieles ist jetzt zu erledigen, jeder Tag eine neue Herausforderung. Allein das Wissen darum scheint ihr, trotz Chemotherapien und nachfolgender Erschöpfungszustände, die Kraft und Energie zu geben, ihren gegenwärtigen Alltag zu bewältigen.

Sie plant alles. Nach und nach übergibt sie ihrem Mann den ganzen »Papierkram«, um den sie sich bisher gekümmert hat. Mit ihm gemeinsam probiert sie das Rollstuhlfahren und lernt, die kleinen Hilfen anzunehmen, die ihr immer schwächer werdender Körper braucht.

Allein das Stellen der notwendigen Anträge an die Behörden und die damit verbundenen Hindernisse der Bürokratie fordern große Kraftanstrengung von Lisa. Ich bin froh, dass ich ihr durch meine beruflichen Erfahrungen im ambulanten Pflegedienst eine gute Stütze dabei sein kann. Und es macht mich wütend, dass das Versorgungsamt ihr zweimal die Genehmigung zur Nutzung von Behindertenparkplätzen verweigert und stattdessen auf den gerichtlichen Verfahrensweg verweist. Einem Menschen, der nur noch so kurze Zeit zu leben hat, fehlt einfach die Ausdauer für solche Schikanen.

Die Beantragung der Pflegestufe verläuft reibungsloser. Ich habe mir frei genommen, um bei der Begutachtung durch den medizinischen Dienst dabei sein zu können. Inzwischen leidet Lisa immer häufiger unter Phasen von Desorientierung, Apathie und grundloser Aggression. Auch Appetitlosigkeit und Erbrechen nehmen zu. Das überfordert die Familie, obwohl Lisas Mann und Kinder noch immer hoffen, die schwere Aufgabe mit Unterstützung des Pflegedienstes, der ambulanten onkologischen Betreuung und des Hospizdienstes bewältigen zu können.

Aber es ist nicht mehr zu schaffen. Da nützt es auch nichts, dass ich abrufbereit bin, wenn der Mann dringende Termine wahrnehmen muss. Also forcieren wir die Aufnahme in ein stationäres Hospiz, die glücklicherweise wenige Tage später erfolgen kann. Lisa bekommt ein schönes Zimmer und liebevolle Betreuung. Meine Besuche nimmt sie zuletzt kaum noch wahr, aber ich gehe trotzdem zu ihr. Ich habe das Gefühl, nach wie vor im klaren Zwiegespräch mit ihr zu sein.

Nach ihrem Tod erfahre ich, dass sie auf ihrem geliebten Grundstück in der Slowakei ihre letzte Ruhe finden wird. Das macht mich unglaublich froh! Sie hat immer wieder den Wunsch geäußert, noch einmal dort zu sein, wo sie sich viele Jahre so wohlgefühlt hat. Nun ist er in Erfüllung gegangen.

Nach Hause

»Ich bin Katrin, die Enkelin«, sagt die junge Frau, die mich an der Wohnungstür empfängt. Aber zu der Kranken im Sessel sagt sie: »Mama? Bist du wach? Da ist Besuch für dich, Frau Lensing vom Hospizdienst.«

Die Frau im Sessel sieht mir die Verwunderung offenbar an. »Katrin ist hier bei mir aufgewachsen«, erklärt sie, ohne dass ich nachgefragt hätte. »Für meine Tochter war das damals nichts, so ein Kind großzuziehen.« Es klingt sachlich, nach Tatsache, nicht nach Vorwurf.

Katrin nickt dazu. Ich schätze sie auf etwa dreißig. Jetzt lässt sie sich vor der Kranken auf dem Teppich nieder, drückt kurz ihre Hand, schaut liebevoll zu ihr auf. Hier ist jemand, der sich sorgt und der sich kümmert, das ist mein erster Eindruck.

Auf dem Wohnzimmertisch steht ein Adventskranz mit zwei brennenden Kerzen. Wir reden über die Krankheit, Krebs im Endstadium. Frau Winter hat einen Anus Praeter. Sie nickt anerkennend, als sie berichtet, wie viel Überwindung es Katrin anfangs gekostet hat, ihr beim Beutelwechseln und Saubermachen zu helfen. »Aber sie hat sich überwunden.« Sie lächelt. In ihrem Ton schwingt Dankbarkeit. Auch Katrin lächelt. Sie hat selbst schon zwei Kinder von drei und fünf Jahren. »Meine Urenkel«, berichtet mir Frau Winter stolz. »Jan und Paula.« Dann wendet sie sich unvermittelt an Katrin: »Sag mal, wolltest du nicht noch zur Apotheke? Die Frau Lensing passt schon auf mich auf.«

Katrin wirkt überrascht. Das hier war offenbar vorher nicht abgesprochen, aber es leuchtet ein. »Dann geh' ich auch gleich zu Edeka.« Sie greift ihre Jacke.

Wir hören, wie die Wohnungstür hinter ihr ins Schloss fällt.

»Jetzt sind wir unter uns.« Frau Winter mustert mich. Ich spüre, wie ihre Blicke mich prüfen. »Für mich bleibt Katrin immer das kleine Mädchen von früher«, sagt sie und erzählt von der schönen Feier, die Katrin und ihr Mann zu ihrem siebzigsten Geburtstag organisiert haben. Auch die Fotos dazu darf ich mir ansehen.

»Nur, dass ich es nicht miterleben darf, wie Jan und Paula erwachsen werden, das macht mich traurig«, sagt sie mit einem Seufzen. »Alles andere ... na ja.«

Sie beginnt zu erzählen, zeichnet mir ihr Leben, das abwechslungsreich und interessant war, aber auch von sehr viel Arbeit und ebenso vielen Sorgen geprägt. Das Reden scheint sie zu erleichtern. Weil ich ihr völlig fremd bin, muss sie offenbar nicht aufpassen, was sie sagt.

Ganz zum Schluss, als Katrin schon zurück ist, schaut sie mich eindringlich an. »Sie kommen doch nächste Woche wieder, Frau Lensing? Ich glaube, Ihnen kann ich vertrauen. Es gibt noch einiges zu berichten.«

Bei meinem zweiten Besuch geht es der Kranken sehr schlecht. Sie kann nicht mehr aufstehen, liegt fest im Bett.
Als ich sie begrüße, öffnet sie die Augen. »Frau Lensing!« Sie lächelt mich an. »Darauf habe ich gewartet.«
Ich ziehe mir den Stuhl heran und nehme Platz.
»Du kannst jetzt nach Hause gehen, Katrin«, sagt Frau Winter. Und zu mir: »Sie hat die ganze Nacht bei mir verbracht.« Wieder schwingt Dankbarkeit in ihrer Stimme. »Aber jetzt ist es Zeit, auch daheim nach dem Rechten zu sehen.«
»Bin bald zurück!«, ruft Katrin.
Wir hören, wie die Wohnungstür hinter ihr ins Schloss fällt.
Frau Winter kommt gleich zur Sache. Sie berichtet von ihrer Tochter, zu der sie bis heute ein schlechtes Verhältnis hat, erzählt von deren Unfähigkeit, ihr Leben in den Griff zu bekommen. Sie habe noch einen Sohn gehabt, Katrins Bruder Micha, der ebenfalls bei Frau Winter aufgewachsen sei. Der habe sich, als er in die Pubertät kam, durch einen Sprung vor die U-Bahn das Leben genommen.
Ich sitze neben dem Bett und komme mir vor wie ein Beichtvater. Einerseits fühle ich mich geschmeichelt über so viel Vertrauen, andererseits irritiert es mich aber auch.
Diese Zeit sei für sie sehr schwer gewesen, fährt Frau Winter fort. Sie habe danach alles in Zusammenhang mit ihrer Tochter Stehende einfach ausgeblendet, eine Art Selbstschutzmaßnahme. Aber heute Nachmittag erwarte sie die Tochter. »Sie soll sich aussuchen, was sie erben möchte. Zur Erinnerung.«
»Und Katrin?«, frage ich behutsam.

»Die wird nicht da sein. Die will mit ihrer Mutter nichts zu tun haben.« Und nach einer kurzen Pause: »Die versteht das alles auch nicht.« Frau Winter seufzt und schließt die Augen.

Mein Gefühl sagt mir, dass die Beichte jetzt abgeschlossen ist.

»Nun möchte ich nach Hause«, sagt Frau Winter.

Ich bin schon wieder irritiert.

Bei meinem dritten Besuch, gleich am nächsten Morgen, erfahre ich, dass Frau Winter eine schlechte Nacht hinter sich hat. Der Palliativarzt musste gerufen werden. Er hat die starken Schmerzen mit entsprechenden Medikamenten ausgeschaltet.

Katrin wirkt besorgt. »Die Mama hat seit Ihrem Besuch gestern nicht mehr mit mir gesprochen«, berichtet sie mir. »Das geht plötzlich alles so schnell …« Sie schüttelt den Kopf, streicht sich das Haar aus der Stirn. »Und Onkel Herbert, ihr Bruder, wollte sie ja auch noch besuchen, aber erst nächste Woche …« In ihrer Stimme schwingt deutlich die Befürchtung, dass es dann schon zu spät sein könnte.

»Dann rufen Sie ihn doch an«, schlage ich vor. »Stellen Sie das Telefon auf laut, dann kann sie wenigstens noch mit ihm sprechen.«

Der Vorschlag wird angenommen. Katrin und ihr Mann sind erstaunt, als Frau Winter sich tatsächlich zum Reden aufrafft. Sie hört ihrem Bruder zu und antwortet ihm. Sie nimmt Abschied. Danach spricht sie nicht mehr.

»Gestern hat sie mir von Micha erzählt«, sage ich zu Katrin, als wir bei einer Tasse Kaffee in der Küche sitzen.

»Tatsächlich?« Katrin hebt verwundert den Kopf. »Mit mir hat sie nie darüber gesprochen. Sein Tod war bei uns kein Thema, der Schulalltag ging sofort weiter. Und auch über meine Mutter hat sie sich ausgeschwiegen.«

»Sie haben mit keinem darüber geredet?«

»Nur mit meiner Freundin«, gibt Katrin zu.

Am nächsten Morgen ruft sie mich noch einmal an: Frau Winter ist in der Nacht heimgegangen. Ohne ein weiteres Wort.

Nachtwache Gedanken

Sie liegt noch in der Luft, die Hitze des vergangenen Tages. Wir haben Mai, alles blüht und duftet. Und es ist immer noch nicht ganz dunkel, als ich im Seniorenheim eintreffe.

Schon zum zweiten Mal will ich die Nacht über bei Frau Daland wachen. Sie ist neunzig, vom Krebs sehr geschwächt, und es deutet sich an, dass ihre letzten Kräfte bald aufgebraucht sein werden. Völlig ausgezehrt liegt sie in ihrem Bett, ist nicht mehr ansprechbar.

Vor fünf Tagen war das noch anders. Da konnte sie ihre kleinen Wünsche noch äußern. »Durst«, stieß sie hervor, oder: »Hoch!« Und wenn ich sie nicht verstand, kam eine entsprechende Geste. Einmal nahm sie meine Hand und legte sie auf ihre Stirn, ein anderes Mal auf ihre Augen. Ganz offensichtlich war ihr die Nähe eines mitfühlenden Menschen angenehm und vielleicht auch tröstlich. Sie war während der ganzen Nacht sehr unruhig. Mit meinen kleinen Hilfsdiensten konnte ich ihr ein wenig beistehen.

Heute liegt sie still und atmet schwer. Ihr schmaler Brustkorb hebt und senkt sich in großer Anstrengung. Ich bin bei ihr, aber zu tun gibt es heute kaum etwas für mich. Es bleibt mir nur, ihr hin und wieder den Mund anzufeuchten und ihr mit Zuspruch und kleinen Berührungen meine Nähe fühlbar zu machen.

Trotzdem bin ich hellwach und meine Gedanken wandern fort von hier, hinaus in die Nacht und hin zu anderen durchwachten Nächten, die sich mir eingeprägt haben und immer noch in mir nachklingen.

Das schreckliche Heulen der Sirenen ist mir wieder im Ohr. Bei jedem Fliegeralarm musste Mutter uns aus dem Schlaf reißen. Dann stürzten wir, so schnell es ging, in den Keller. Das war im Frühjahr 1945, in den letzten Kriegstagen, als auch unsere kleine Stadt zu guter Letzt noch bombardiert wurde. Inzwischen liegen die Ereignisse fast siebzig Jahre zurück. Aber die Angst, die ich in diesen Nächten hatte, ist mir noch sehr gegenwärtig.

Die Nachtgedanken der folgenden Kinder- und Jugendjahre waren glücklicherweise nicht mehr so traumatisch, sondern vom Schulalltag und den üblichen Prüfungssorgen geprägt.

1957 erlebte ich einige durchgrübelte Nächte im Krankenhaus, eingeschlossen in die unruhige Szenerie eines Schlafsaals mit mehr als dreißig Betten. Damals ängstigte mich die bevorstehende Knieoperation, denn damit verbunden war die bange Frage, ob das Knie danach wieder voll beweglich sein würde. War es dann tatsächlich, Gott sei Dank.

Später, während des Studiums, waren wir auch häufiger nachtaktiv, aber im positiven Sinne. Eine unserer bierseligen Diskussionsrunden begann im Dresdner »Schillergarten« und wurde nach Gaststättenschluss auf dem Bürgersteig des Schillerplatzes noch bis in die Morgenstunden fortgesetzt. Lautstark ging es darum, wer der bessere Dichter sei: Goethe oder Schiller. Wie wir wohl ausgerechnet auf dieses Thema kamen?! Der Streit konnte natürlich nicht entschieden werden. Als die Stadt ganz allmählich wieder erwachte, wandelten wir mit dem Strom derer, die zur Arbeit fuhren, unserem studentischen Tagesschlaf entgegen.

Frau Daland zieht mit einem pfeifenden Geräusch die Luft ein, reißt mich aus meinen Gedanken. Ihr Gesicht ist mir zugewendet. Wie viele Nächte hat sie durchwacht? Was ängstigte und was erfreute sie?

Durch das offene Fenster dringt gedämpftes Hundegebell. Die Luft, die hereindringt, ist jetzt kühler. Das Stückchen Himmel, das ich über den Baumwipfeln erkennen kann, hat bereits seine Sterne verloren.

Eine andere ganz besondere Nacht, die ich mit meinem Sohn erlebt habe, keimt in meiner Erinnerung auf. Auch das ist lange her, er war damals acht. Wir fuhren von der Ostsee zurück nach Berlin und hatten plötzlich beide den verrückten Wunsch nach einer Übernachtung im Wald. Ohne jeden Zeltkomfort. Reines Abenteuer! Zum Schlafen kamen wir so gut wie gar nicht, lagen bloß mit der Ängstlichkeit unerfahrener Waldläufer beieinander und lauschten angespannt auf jedes Knacken, jedes Knistern.

Eine Pflegerin öffnet die Tür. Ihr Blick schweift zuerst zu Frau Daland, dann zu mir. »Alles in Ordnung?« Ich nicke. »Dann lösen wir sie jetzt ab«, sagt sie mit einem Lächeln.

Draußen zwitschern schon die ersten Vögel.

So geht diese Nachtwache unerwartet schnell zu Ende. Fast wundere ich mich, dass es schon Morgen ist. Seltsamerweise bin ich immer noch nicht müde, andererseits aber doch auch froh, mich bald ausstrecken zu können. Die alte Frau liegt still in ihrem Bett und atmet schwer. Bald wird es noch stiller werden in diesem Raum. Das ist nun mal so.

Leise ziehe ich die Tür ins Schloss.

Als ich aus dem Seniorenheim an die frische Luft trete, dehne und recke ich mich gründlich, schließe die Augen und atme tief ein. Ja, es wird wohl wieder ein schöner Tag werden heute.

Alles Hexerei

Wenn der hundertste Geburtstag kurz bevor steht, ist das für die meisten eine schöne Aussicht. Die 100 ist einfach eine magische Zahl. Ob Helene das so empfindet, kann keiner sagen, denn sie spricht nicht mehr viel. Ihr Lächeln ist hinreißend. Jedoch schaut sie zumeist sehr ernst. Ihr Gesicht zeigt Weisheit, aber auch die ganze Schönheit des Alters. Leicht gewellt ihr weißes Haar.

Natürlich bekommt niemand die Garantie in die Wiege gelegt, so alt zu werden. Wenn aber die Erbanlagen stimmen, man sich gesund ernährt, viel bewegt und Laster in Maßen genießt, kann man dieses Alter erreichen. So würde es jeder geriatrisch Ausgebildete zusammenfassen.

Helene jedenfalls hat immer viel im Garten gearbeitet, regelmäßig geturnt, zweimal in der Woche Fisch gegessen, war einfach ein zufriedener Mensch und ist nun auf dem besten Weg, dieses Jubiläum zu feiern. Damit ist sie eine von über tausend Berlinern, die auf eine so lange Lebenszeit zurückschauen. In dem Stadtbezirk, wo sie ihre letzte Zeit verbringt, ist sie allerdings eine Seltenheit, denn sie wohnt nicht in Zehlendorf, Charlottenburg oder Tempelhof, die für sich in Anspruch nehmen, die meisten dieser Hochbetagten zu haben.

Sie lebt in einem Pflegeheim im Osten der Stadt. Zur Fortbewegung ist ihr der Rollstuhl unentbehrlich. Er bietet Gelegenheit, das Gebäude zu verlassen und die nähere Umgebung zu erkunden.

Bei einem meiner Besuche fahren wir durch den nahegelegenen Park und immer dieselben Wege, weil ich mich nicht zu weit vom Heim entfernen will, denn wir kennen uns noch nicht so lange, und ich glaube, bei unvorhergesehenen Situationen auf die Hilfe der Pflegekräfte angewiesen zu sein. Diese kurzen Strecken mit wenigen neuen Eindrücken sind Helene aber bald überdrüssig und so folgen wir dem hellen Kinderlachen und den Geräuschen eines nahen Spielplatzes. Ein wiesiges Gelände mit kleinen Hügeln, Sandkasten und Klettergerüsten. Viele kleine Kinder springen, kreischen und jagen die Schaukeln. Die Eltern sitzen auf den Bänken und richten das Wort aneinander. Das Bild ist aus friedlichen Vorgängen zusammengesetzt.

Auf einer Sitzgelegenheit am Rande wollen wir etwas verweilen und ich positioniere den Rollstuhl so, dass Helene viel vom Treiben und der Munterkeit des Spielens sehen kann. Mir selbst ist die kleine

Pause auch willkommen nach der ungewohnten Kraftanstrengung mit dem Gefährt. Doch daraus wird nichts.

Die zunächst neugierig herangetretenen Kinder haben vermutlich noch nie einen so alten Menschen gesehen. Die tiefen Falten, der in die Ferne gerichtete Blick, die streng aus dem Gesicht gekämmten Haare, die kleine, von Osteoporose gebildete Wölbung an der oberen Wirbelsäule und die knochigen Hände fesseln ihre Blicke. Kurz darauf jedoch rennen die Kinder entsetzt und schreiend zu ihren Müttern.

Ich bin schockiert und weiß keine Deutung. Mir kommt der Gedanke, dass sie wohl meinen, eine wahre Hexe vor sich zu haben, wie sie sie bisher nur aus ihren Märchenbüchern kannten. Helene erfüllt in den Augen der Kinder offenbar alle Merkmale des traditionellen Schreckensbildes, wie ihn der Volksglaube erdichtete. Nur der Besen und das Pfefferkuchenhaus fehlen noch. Sie fühlen sich bedroht und reagieren mit Angst.

Kurz denke ich darüber nach, zu ihnen hinüberzugehen, um alles aufzuklären und sie aus ihrem Schreck zu holen. Ich könnte ihnen eine kurze Geschichte von Bibi Blocksberg oder der kleinen Hexe mit dem sprechenden Raben Abraxas erzählen, um sie zu beruhigen, denn die Mütter wissen offenbar auch nicht, was sie machen sollen. Als die Kinder nicht aufhören zu weinen und immer wieder in unsere Richtung zeigen, bleibt mir nichts anderes übrig, als das Feld zu räumen und den Platz denen zu überlassen, für die er vorgesehen ist, den Kindern.

Der gemeinsame Donnerstag

»… und dass ihr's nur wisst, habe ich zu meinen Kindern gesagt, ich finde mich schon zurecht! Ihr braucht nicht alle Nase lang hier vorbeizukommen!« Hannas Augen funkeln, als sie mir das erzählt. Sie schmunzelt. Inzwischen kann ich sie mir auch gut vorstellen, diese energische, schlagfertige Hanna.

Damals hatte sie ihre Cottbusser Wohnung gerade aufgegeben und war ins grüne Umland von Berlin in ein Seniorenheim gezogen. Einige ihrer vertrauten Möbel hatten sie begleitet: der Fernsehsessel, die Biedermeierkommode, der runde Beistelltisch. Außerdem jede Menge Kleinigkeiten.

»Aber es war ja trotzdem nicht dasselbe.«

Sie fühlte sich fremd in der neuen Umgebung, zog sich immer mehr in ihre Erinnerungen zurück. Sie öffnete die Schubfächer ihres Lebens und ließ die Bilder an sich vorüberziehen, die schönen wie die nicht so schönen. Aber die Situation bedrückte sie immer mehr.

»Man kann sich ja auch nicht richtig ablenken, wenn einem die Kraft fehlt und die Beweglichkeit! Es ist doch nichts, wenn man alt wird! 92 Jahre! Man ist bei allem und jedem von anderen Leuten abhängig!«

Heute lacht sie, als sie das sagt, und übertreibt mit Absicht ein bisschen. Doch als ich sie kennenlernte, wirkte sie darüber zutiefst verzweifelt. Auch der Hospizdienst war ihr damals höchst suspekt. Da kam eine fremde Frau, die versprach, sie ab sofort regelmäßig zu besuchen.

»Was bezwecken Sie damit?«, wollte sie wissen. Nie hatte sie davon gehört, dass Menschen ihre Zeit für so alte Menschen ohne Bezahlung opferten. Da musste doch etwas dahinter stecken!

Ihr Argwohn verflog, als sie merkte, wie angenehm es war, sich auf meine Besuche zu freuen. Inzwischen ist sie jedes Mal gespannt, womit ich sie wohl überraschen werde.

Sie entzückt sich über den Wiesenstrauß wie über den Gartenstrauß, über frisch geerntete Gurken, Tomaten und Äpfel wie über Zitronenmelisse, Pfefferminze und Maggikraut zum Riechen. Über lustige Zeitungsartikel wie Ansichtskarten. Selbst die handgefertigten Hausschuhe meines Großvaters interessieren sie, also bringe ich sie zur Begutachtung mit.

Hannas Wissbegierde richtet sich jetzt wieder auf Tagesnachrichten. Ihre Wortgewandtheit nimmt zu, und sie wird immer witziger. Gern macht sie Sprüche. »Hanna hört die Vögel zwitschern«, sagt sie, wenn das Hörgerät piepst. Und: »Mein Rollstuhl wartet auf mich«, als ihr der Krankenhausaufenthalt zu lang wird und sie zurück ins Heim möchte. »Jetzt habe ich auch noch eine Waschfrau«, als ich ihr einmal ein Geschirrtuch mitgewaschen habe. Und: »Wenn ich Sie nicht gehabt hätte, nein wirklich!« als schönste Dankesworte.

Selbst aus peinlichen Situationen weiß sie sich heiter zu befreien. So ist es ihr unangenehm, einen Urinbeutel tragen zu müssen, und sie will unter keinen Umständen das Zimmer verlassen, wenn auch nur ein Zipfelchen davon zu sehen ist. Das Verstauen ist nicht einfach, der Beutel rutscht immer wieder hervor. Schließlich schiebe ich ihn unter ihren Pullover, wo er auf den Oberschenkeln halt findet, und Hanna kommentiert: »Wenn mich einer danach fragen sollte, sage ich: Nee, erst achter Monat, nicht neunter!«

Trotz ihrer eigenen großen Familie, die sie regelmäßig besucht, nimmt Hanna auch Anteil am Leben meiner Familie. Sie lernt meinen Mann kennen, meine Mutter und meine Tochter. Und sie will immer alles ganz genau erzählt bekommen. Wie war denn die Hochzeit? Hattet ihr eine schöne Geburtstagsfeier? Und hat Nadine sich nun wirklich die Haare blond gefärbt? – »Ich bin ja auch blond – friedhofsblond.« – Sie scherzt gerne, und ich muss jedes Mal lachen.

Hanna ist korrekt bis zum Schluss. Obwohl ihr nach dem Schlaganfall die Hand zittert, führt sie akribisch ihren Kalender. Und die Uhr muss immer richtig gehen. Da schaut sie oft hin und genießt ihre Lebenszeit.

Nach 93 Jahren ist sie abgelaufen, die Uhr bleibt für immer stehen. Sechs Monate gemeinsame Freude, Herzlichkeit und Zuneigung gehen zu Ende.

Er wird mir fehlen, der gemeinsame Donnerstag

Ein unermüdlicher Kämpfer

Frau Schubert hat den Malteser Hospizdienst um Unterstützung ersucht, da sie mit der Betreuung ihres Mannes in häuslicher Pflege die Grenzen ihrer Belastbarkeit erreicht hat. Herr Schubert hat Pflegestufe 3. Er ist 83 Jahre alt und leidet nach schwerer Verwundung im Zweiten Weltkrieg, nach Schlaganfall und Herzinfarkt unter Sprechstörungen. Das ist für ihn, der vielseitig interessiert und gedanklich noch rege ist, ohnehin schon sehr bedauerlich. Zudem aber ist seine Bewegungsfähigkeit so stark eingeschränkt, dass er, ein großer stattlicher Mann, nur noch mit wahrlich kräftiger Hilfe aus dem Bett in den nahen Sessel gelangen kann.

Hier komme ich ins Spiel. Wir vereinbaren, dass Frau Schubert in der Zeit, die ich bei ihrem Mann verbringe, notwendige Erledigungen außer Haus tätigt.

Herr Schubert berichtet über seinen Werdegang. Nach seiner Heimkehr aus dem Krieg war er gesundheitlich schwer geschädigt. Nun wurde aus dem ehemaligen Frontkämpfer beim Wiederaufbau der zerstörten deutschen Wirtschaft ein »Dipl.-Ing.« in leitender Stellung, der mit den vielen Mängeln und Widerständen in der Nachkriegszeit weiterhin zu kämpfen hatte, wenn auch an einer friedlichen Front. Im Gespräch stellen wir zu unser beider Freude sehr schnell fest, dass wir, als wir noch arbeiten gingen, in technisch verwandten Berufen tätig waren.

Wenn ich ihm also bei meinen folgenden Besuchen etwas vorlese, dann vorzugsweise zu Problemen naturwissenschaftlichen oder technischen Inhalts oder zu politischen Tagesthemen, an denen Herr Schubert gleichfalls stark interessiert ist. Leider wird der gedankliche Austausch darüber mit der Zeit komplizierter, weil seine Artikulation immer schlechter wird. Sein Leidensdruck erhöht sich mit den Monaten durch immer stärkere Schluckbeschwerden.

Aber Herr Schubert bleibt, wie schon sein ganzes Leben, ein unermüdlicher Kämpfer, jetzt um die ihm noch verbleibende Lebensqualität.

Es folgt ein wiederholter Wechsel zwischen häuslicher Pflege und notwendigen Krankenhausaufenthalten, bei denen infolge der Schmerzen beim Schlucken von Speisen und Getränken jeweils eine Speiseröhrenaufweitung erforderlich ist. Diese Prozeduren, die zwangsläufig mit großer Unruhe im Tagesablauf vor sich gehen, schwächen Herrn Schubert zusehends, sein Gesundheitszustand verschlechtert sich mehr und mehr. Mitunter ist er nun auch verwirrt.

Als schließlich Frau Schubert die Pflege ihres Mannes nicht mehr allein bewältigen kann, wird er in ein Pflegeheim aufgenommen. Als ich ihn vor meiner Abreise in einen kurzen Winterurlaub am weihnachtlichen Vorabend im Krankenhaus besuche, treffe ich ihn völlig entkräftet, fest schlafend an und verabschiede mich von ihm, ohne dass er mich bewusst wahrgenommen hätte.

Am 27. Dezember stirbt Herr Schubert im Krankenhaus.

Während der fast zweijährigen Begleitung habe ich sein Martyrium, seinen letzten Kampf, miterlebt. Ich habe erfahren, wie schmerzvoll und wenig tröstlich die letzte Lebenszeit bei aller möglichen Pflege und Fürsorge sein kann.

In Erinnerung an diesen bewundernswerten Kämpfer bleibt mir ein Satz, mit dem Herr Schubert mich im Oktober, schon leicht verwirrt und gedanklich bei seinem früheren Arbeitsleben, adelte: »Sie sind ein treuer Mitarbeiter.«

Mit einem Lächeln im Gesicht

Mit einem Lächeln im Gesicht ist Resa von dieser Welt gegangen. So steht es in der Anzeige, die ich in den Händen halte. Herausgenommen aus einem Briefumschlag mit schwarzer Umrandung. Es war erwartet und dennoch plötzlich. Erst ein paar Tage zuvor noch war ich bei ihm und wir haben schöne Stunden mit Spaziergängen und der uns eigenen Kommunikation verbracht. Es deutete nichts darauf hin, dass es bald zu Ende sein würde. Sein Herz war stabil, sein Körper in gutem Zustand. Nur der Geist spielte schon lange nicht mehr mit. Ob nun Alzheimer oder Altersdemenz die Ursache war, ist nicht bekannt. Es war nie ein neuropsychischer Test oder laborchemischer Befund erhoben worden. Verloren gegangene Alltagsfähigkeiten und Orientierungsstörungen hatten ihn ins Heim gebracht. Auch sein Verhalten war auffällig geworden. Es war zu einer allgemeinen Leistungsschwächung des Gehirns gekommen. Neue Informationen konnte er nicht mehr auffassen. Seine Feinmotorik war eingeschränkt. Aber das machte nichts. Wir verstanden uns. Selbst wenn er unaufhörlich intelligente Wortfetzen aneinanderreihte, in denen zunächst kein Sinn zu erkennen war. Durch genaues Zuhören hatte ich ein Gespür dafür entwickelt, aus seinen Äußerungen Schlüsse zu ziehen. Sein übersteuertes Lachen erscholl immer dann, wenn ich, wie bei einem Lottogewinn, das Zusammenhanglose in die richtige Zuordnung brachte.

Mit Höflichkeit und Versuchen von Komplimenten fiel er auf und eroberte sich die Sympathie des Personals. Er war sehr beliebt trotz der Wildnis seiner versunkenen Gedanken.

Oft stiftete er Verwirrung, konnte sich dann aber so sehr über sich selbst erheitern, dass sein Lachen ansteckend war. Ebenso war es mit der Traurigkeit, die ihn ganz blitzartig überfiel. Oder der Wut, die ihn packte, wenn ihm die Unfähigkeit zur Mitteilung bewusst wurde.

Ich erinnere mich daran, dass er eines Tages, als ich ihm die Schuhe anziehen wollte, schmerzverzerrt das Gesicht verzog und aufheulte wie ein Hund. Als ich der Sache auf den Grund ging, sah ich, dass die Zehennägel überlang waren und sich schon um die Zehen herum zu krümmen begannen. Sie benötigten also unbedingt einen Schnitt. Ich war aufgebracht und schimpfte vor mich hin, dass es nicht sein könne, einen Bewohner in solchem Zustand zu belassen. Meine Nachfrage bei den Schwestern ergab, dass die Angehörigen kein Geld für die Fußpflege hinterlegt hatten und daher auch nichts gemacht werde. Das steigerte meine Empörung noch mehr. Beim nächsten Besuch war ich drauf und dran, ihm Geld für die Fußpflegerin zu geben. Aber er wehrte massiv ab. Unter Einsatz seines ganzen Körpers versuchte er mir mitzuteilen, dass seine Füße inzwischen eine Pflege bekommen hatten. Da war ich sehr zufrieden, das Thema angesprochen zu haben.

Eine andere Episode mit Resa ist mir noch deutlich in Erinnerung. Es war im Herbst, wir gingen im Park spazieren. Feuchtigkeit lag in der Luft und der typische Geruch von herabgefallenen Blättern. Die Grünflächenpfleger hatten das Laub an mehreren Stellen zusammengeharkt. Als Kind hätte ich nicht widerstehen können, wäre mit Freude in mindestens einen dieser Berge hinein gesprungen und hätte alles um mich herum verteilt.

Ich fragte ihn also, ob er denn wisse, was das sei. Seine Antwort kam prompt und trocken: »Eine Leiche«, das war für ihn sonnenklar. Ich erschrak und dachte zunächst, die Stimmung und das Novemberwetter hätten ihn wohlmöglich an vergangene Erlebnisse erinnert, an die Zeit des Krieges, Verstorbene auf seinem langen Lebensweg oder Gedanken an seinen eigenen Tod. Dann aber wurde mir bewusst, dass er mit seiner verminderten Kontrasterkennung den Bau des Hügels bezeichnet hatte, der mit etwas Fantasie der Form eines Sarges glich. Seine typische Denkhemmung hatte also wieder mal Pause. Wir lachten beide herzhaft darüber und lagen uns fast in den Armen. Dieses Bild bleibt jetzt in mir.

Zurück ins Leben!

Für mich ist Monika etwas ganz Besonderes. Als ich sie kennenlernte, ging es ihr sehr schlecht, aber jetzt ist sie wieder oben auf. Sie hat sich im Pflegeheim verliebt. Nun zieht sie zu Jürgen, dem pummeligen Haustechniker, der ihr eigentlich nur den Fernseher einstellen sollte.

»Da ist immer so viel Schnee auf dem Bildschirm, und RTL krieg' ich gar nicht mehr ...« Den hilflosen Augenaufschlag musste sie nicht vortäuschen. Monika ist nicht besonders lebenstüchtig, und sie hatte auch oft Pech. Aber sie sieht gut aus und gibt viel auf ihr Äußeres, macht sich gerne schön. Sie hat mit ihren getuschten Wimpern geklimpert – und Jürgen war sofort Feuer und Flamme, obwohl er zehn Jahre jünger ist als sie, erst 48.

Heute soll ich beim Umzug helfen. Monika hat mich darum gebeten. – »Na, das tu' ich doch gern für dich.« Ich mag sie, mag ihre Art. Wir haben ein sehr nettes Vertrauensverhältnis. Außerdem weiß ich, dass sie kein Geld hat und auf Hilfe angewiesen ist.

Als wir uns vor gut einem Jahr zum ersten Mal begegneten, war sie ganz ungeschminkt und sehr bedrückt. Stundenlang saß sie in ihrem Zimmer, starrte vor sich hin. Mit Ende fünfzig schon im Pflegeheim zu landen, das hatte sie sich nicht vorgestellt. So jung schon die Endstation erreicht zu haben.

Sie hatte ja nicht einmal geahnt, wie krank sie tatsächlich war: Lungenfibrose. »Das ist eine ernste Sache«, hatten die Ärzte ihr gesagt, »aber nicht zwangsläufig lebensverkürzend.«

Sie hatte lange im Krankenhaus gelegen. Dann folgten sechs Wochen »Kurzzeitpflege«. Und danach gab es keine Wahl. Es ging nicht mehr allein zu Hause, und es gab niemanden, der ihr hätte helfen können, in den Alltag zurückzufinden – ganz im Gegenteil. Wie sich herausstellte, hatte ihre beste Freundin inzwischen einen Großteil der Wohnungseinrichtung zu Geld gemacht. Monika konnte die Miete nicht bezahlen. Außerdem hatte sie Schulden. Nachdem es zur Gerichtsverhandlung gekommen war, blieben ihr nur zwanzig Euro monatlich zur persönlichen Verfügung. Man hatte sie abgeschrieben, sie hatte sich selbst abgeschrieben, so landete sie im Pflegeheim.

»Ach, ich würde so furchtbar gern mal wieder baden«, seufzte sie, als ich sie das erste Mal besuchte.

»Na, das wird sich doch wohl machen lassen«, versprach ich.

Ein paar Wochen später holte sie den roten Lippenstift wieder heraus. Ich organisierte für sie Kleidung, die Freunde und Bekannte nicht mehr brauchten. Monika machte sich wieder schick. Sie schöpfte neue Hoffnung. Es ging ihr mit jeder neuen Woche ein bisschen besser.

Jetzt quietschen meine Sohlen über das Linoleum im Flur des Pflegeheims. Ich bin spät dran. Eine Schwester nickt mir lächelnd zu. Warum denn so eilig?!, sagt ihr Blick. – Na, weil wir keine Zeit zu verlieren haben! Weil Monika heute zu Jürgen zieht! Ich bin mit dem Auto gekommen, um das »leichte« Gepäck zu bewegen. »Ein bisschen Kleinkram«, hat Monika am Telefon gesagt. »Und die Pflanzen natürlich.« Gerhard, ein Bekannter von mir, wird später kostenlos die Möbel transportieren. Das neue Zuhause liegt glücklicherweise nicht allzu weit entfernt.

Monikas Zimmertür ist zu. Wie immer. Sie mag keine offenen Türen, obwohl sie ein kontaktfreudiger Mensch ist. Aber dazu muss sie sich entsprechend vorbereiten, sich zurechtmachen.

Ich klopfe an.

»Da bist du ja endlich!«, kommt es freudig von drinnen. Sie strahlt übers ganze Gesicht, meine hübsche Monika. Sie ist ganz erfüllt mit ungeduldiger Erwartung. »Das Zimmer muss heute noch geräumt werden«, erklärt sie mir stolz. Dies ist ihr großer Tag: der Auszug aus dem Pflegeheim!

Mein Blick schweift durch den Raum. Alles sieht genau so aus wie immer. »Hast du denn noch gar nichts gepackt?«, frage ich irritiert.

»Ach, das ist doch nicht viel«, sagt sie ausweichend. »Das machen wir schnell zusammen.«

Ich kann mir einen Seufzer nicht verkneifen. »Hast du denn wenigstens ein paar Umzugskisten? Oder Koffer?«

Sie zuckt bloß die Achseln. Typisch Monika.

Ich seufze noch einmal – und hole die beiden Klappkisten, die ich zufällig im Auto habe. Alles, was dort nicht hineinpasst, kommt in Tüten und behelfsmäßige Gefäße. »Willst du etwa auch die ganzen leeren Schraubgläser hier mitnehmen?!«

»Aber sicher!« Es klingt beinahe vorwurfsvoll. »Die hab' ich doch monatelang gesammelt.«

Aus zwei geplanten Stunden wird ein ganzer Umzugstag mit ungezählten Transportfahrten zwischen der alten und der neuen Wohnung. Dann ist endlich alles an Ort und Stelle.

Für Monika geht es nun zurück ins Leben.

»Ach, das wird schon gut gehen mit dem Jürgen«, sagt sie, mehr als zuversichtlich. »Ich freu mich. Ich freu mich so sehr!«

Meine Begleitung ist damit eigentlich beendet. Aber wir bleiben in Verbindung, telefonieren hauptsächlich, treffen uns gelegentlich. Dann verlieren wir uns doch aus den Augen.

Irgendwann nach langer Zeit erreicht mich eine Weihnachtskarte mit Grüßen von »Monika und Jürgen«. Ich kann mir zunächst keinen Reim darauf machen, weil ich spontan an meine Schwester und meinen Schwager denke, die genau so heißen. Erst nach einer Weile fallen mir die beiden Verliebten aus dem Pflegeheim wieder ein.

Tanetschka

Fröhlich verlässt Tamara das Haus. Ihr gefällt es, hier draußen in der Natur zu wohnen, auch wenn der Arbeitstag durch die Anfahrt immer noch ein Stückchen länger ist. Unterwegs plant sie, was heute unbedingt erledigt werden muss. Zuallererst: Herrn Guse anrufen. Der redet wie ein Wasserfall – Tanetschka hier, Tanetschka da – je eher das geschafft ist, desto besser! Außerdem fallen ihr noch sieben weitere dringende Punkte ein. An jeder Ampel wird die Liste länger.

Was der Tag tatsächlich bringen wird, lässt sich nicht so genau sagen. Unvorhersehbare Dinge können von einer Minute zur anderen alles verändern, auch wenn noch so viel Pufferzeit vorgesehen ist.

Tamara ist spät dran, denn die Nacht von Sonntag auf Montag war kurz. Sie hatte Rufbereitschaft. Gestern Abend gegen halb zwölf klingelte plötzlich das Handy. Der Anruf schreckte sie aus dem ersten Schlaf.

»In der Zeitung steht, dass Sie eine Ausbildung zur Trauer- und Sterbebegleitung anbieten«, quäkte eine ältere Frauenstimme. »Die würde ich, glaub' ich, gerne mitmachen.«

Hätte das nicht Zeit gehabt bis zum nächsten Morgen?! Tamara riss sich zusammen und erklärte der Anruferin ganz sachlich, was in diesem Fall zu tun sei. Aber danach war sie doch noch ein Weilchen irritiert. Was um alles in der Welt konnte die Interessentin bewegt haben, so spät noch anzurufen?!

Tamaras Aufgabenfeld ist umfangreich: Als Koordinatorin im ambulanten Hospizdienst ist sie zuständig für die Beratung und Begleitung Sterbender und deren Angehöriger. Tamara geht als Erste zu den Betroffenen. Sie nimmt den persönlichen Kontakt auf und organisiert oder vermittelt die notwendigen Hilfeleistungen. Das erfordert zuallererst eine gründliche Anamnese. Für diese Bestandsaufnahme lässt sie sich die Leidensgeschichte des Patienten erzählen, entweder von ihm selbst oder von seinen Angehörigen. Oft bewirkt schon das erste Gespräch eine Entlastung der Situation. Danach wird entschieden, welche Unterstützungsangebote erforderlich sind und geleistet werden können.

Als Koordinatorin vermittelt Tamara aber nicht nur Hilfeleistungen, sondern betreut zum Teil auch die Hilfeleistenden. Sie organisiert die Anleitung der ehrenamtlichen Sterbebegleiter sowie notwendige fachliche Weiterbildungsmaßnahmen. Außerdem bereitet sie die regelmäßig stattfindenden ›Supervisionen‹ vor. Hier können die Ehrenamtlichen in der Gruppe ihre Erfahrungen austauschen. Manch einer muss sich das Erlebte erstmal von der Seele reden, um damit zurechtzukommen.

Sämtliche Aufgaben der Koordinatorin sind eng miteinander verknüpft, ja sie bedingen einander sogar, um eine optimale Unterstützung der Betroffenen zu gewährleisten. Das geht bis hin zur Einbindung von Diensten des Gesundheits- und Sozialwesens. Und natürlich muss über jede Aktion Buch geführt werden. Der Bedarf an Begleitungen nimmt von Jahr zu Jahr stetig zu. Tamara hat viel zu tun.

Auf all das hat sie sich eingelassen, als sie den Job annahm. Eigentlich ist es viel mehr als nur ein Job. Hier ist alles gefragt, was ein Mensch nur einbringen kann, um ein vertrauensvolles Miteinander zu erreichen und denjenigen beizustehen, die nur noch eine kurze Lebensdauer haben.

Tamara ist eine Wolgadeutsche, die Anfang der 1990er Jahre nach Deutschland kam. Sie spricht ebenso gut Deutsch wie Russisch. Daher wurde das Angebot des Hospizdienstes um eine russischsprachige Gruppe von Ehrenamtlichen erweitert. Für die fühlt Tamara sich besonders verantwortlich.

Sie nimmt die Tasche mit Laptop und Unterlagen vom Beifahrersitz und schließt den Wagen ab. Jetzt muss sie erstmal Herrn

Guse anrufen, damit das erledigt ist. Vorgestern hat sie ihn in seiner Wohnung besucht, wo er geschlagene drei Stunden lang auf sie eingeredet hat – »Ach, das muss ich Ihnen unbedingt noch erzählen, Tanetschka!« – Von seiner Kriegsgefangenschaft, seiner Familie, seiner jetzigen Situation, seinen Wünschen. Das Reden war ihm ein solches Bedürfnis, dass Tamara sich kaum hatte loseisen können. Ihr war sofort klar, dass Herr Guse dringend einen geeigneten Gesprächspartner braucht, der ihn begleitet.

Doch Tamara hat das Büro noch nicht aufgeschlossen, da hört sie schon das eindringliche Schellen des Telefons. Die schwere Tasche noch über der Schulter eilt sie zum Apparat.

»Es geht um diese Patientenverfügung. Ich habe gehört, dass sie einem dabei helfen können, so was aufzusetzen …«

Sie stellt die Tasche ab und vereinbart rasch einen Termin. Dann schaltet sie den Computer ein, öffnet ein Kippfenster und will gerade die Kaffeemaschine in Betrieb setzen, da klingelt eines der beiden Handys. Ein Pflegeheim fragt an, ob eine Begleitung für eine einsame 101-Jährige möglich sei. Jetzt klingelt auch das andere Handy. Tamara nimmt abwechselnd die Informationen beider Gesprächspartner auf und packt währenddessen die Akten aus der Tasche auf den Schreibtisch. Ganz oben liegt die To-do-Liste.

Als die Gespräche beendet sind, wählt sie die Nummer von Herrn Guse. Sie will ihm mitteilen, dass sie inzwischen einen Ehrenamtlichen gefunden hat, der seinen Anforderungen entspricht. Aber sie muss aufpassen, dass er sie nicht wieder in endlose Erzählungen über seine Gefangenschaft in Russland verwickelt – zweifellos sein Lieblingsthema.

Fünf lange Jahre hat er in Russland verbracht, während dieser Zeit auch die russische Sprache erlernt – und sie bis heute nicht vergessen! Zum Beweis hat er ihr ein paar russische Sätze vorgesprochen, die so deutsch klangen, dass Tamara sich das Schmunzeln nicht verkneifen konnte. Aber Herr Guse hat sich immer mehr in das Thema hineingesteigert, hat geredet und geredet, so dass sie ihm nicht einmal mitteilen konnte, dass sie selbst aus Russland stammt.

Sie lauscht in den Hörer. Es klingelt schon zum fünften Mal. Jetzt nimmt er ab. »Sind Sie es, Tanetschka?«

»Nein«, sagt sie, »ich heiße Tamara. Wir haben vorgestern –«

»Natürlich, natürlich!« Sie hört Herrn Guse lachen. »Aber Tanetschka, das ist doch die Koseform von Tamara!«

»Nein, eigentlich nicht«, widerspricht sie zaghaft.

»Aber selbstverständlich ist es das!« Er lacht schon wieder, diesmal lauter und ein bisschen gönnerhaft. »Na, aber Sie können das ja nicht wissen, Tanetschka. Sie sprechen ja nicht Russisch.«

Anhang

Sechs Antworten auf die Frage: Warum engagiert man sich im Hospizdienst?

Regina Ehm
Als Kind hatte ich große Angst vorm Tod. Die Aussicht zu sterben, in den Himmel zu kommen und dort niemanden zu kennen, hat mir arges Kopfzerbrechen bereitet. Durch den frühen Verlust meines Vaters habe ich dann irgendwie meine Berührungsängste mit dem Thema verloren. Zu dem Zeitpunkt hätte ich aber noch nicht gedacht, dass ich später beruflich mit Sterben, Tod und Trauer zu tun haben werde. Das kam erst am Ende meines Studiums. Als ich mich im Rahmen meiner Diplomarbeit mit der Ehrenamtlichkeit im ambulanten Hospizdienst beschäftigt habe, wusste ich endlich, in welchem Bereich ich arbeiten wollte. Kaum im Hospizdienst angekommen, wurde ich gefragt, ob ich mir vorstellen könne, hier den Bereich Trauerarbeit auszubauen. Auch wenn ich selbst etwas Bedenken hatte, wie mein »jugendliches« Alter ankommen würde – ich war zu diesem Zeitpunkt 26 –, konnte ich mir das sehr gut vorstellen und habe zugesagt.

Heidrun Frohse
Einst als Landwirt ausgebildet, dann Journalistin, später Gerontotherapeutin – mit Hochbetagten körperlich und seelisch pflegend zusammenlebend –, drei Kinder ins Leben sendend – das sind meine Wurzeln.

Seit rund 15 Jahren begleite ich schwerkranke Menschen in ihrem letzten Lebensabschnitt. Selbst nun in einem Alter, in dem das eigene Lebensende wohl näher rückt, habe ich Lebenswelten, Lebenssichten, Lebenserfahrungen kennenlernen dürfen, denen ich so und so intensiv vorher nie begegnen konnte. Dafür danke ich all diesen Menschen, in Zuneigung und Demut.

Hans Hartmann
Mit dem Beginn des Ruhestandes war mein spontaner Entschluss zur ehrenamtlichen Mitwirkung im Hospizdienst zunächst eher zufällig. Aber mir war bewusst, dass viele Menschen in der letzten Phase ihres Lebens einsam sind und des zuhörenden und tröstenden Zuspruchs bedürfen.

Die Begegnungen mit älteren Menschen, Kranken und Sterbenden können sehr unterschiedlich sein. Mitunter waren sie nur kurz, manchmal nur Stunden. Andere Begleitungen fanden über Monate oder gar Jahre statt. Zumeist sind diese Begegnungen von Schmerzen und Behinderungen, von der Nachdenklichkeit über das Zurückliegende oder die noch zu beschreitende kurze Wegstrecke des Lebens bestimmt. Aber daneben gibt es, trotz aller Schwernisse auch die kleinen, mitunter skurrilen Begebenheiten. Es gibt das Schmunzeln, manchmal auch das befreiende Lachen.

Im Rückblick auf die vergangenen Jahre ehrenamtlicher Mitarbeit stelle ich fest, dass mich die Begleitung alter, kranker und sterbender Menschen in vielerlei Hinsicht gefordert, aber vor allem bereichert hat und dass ich dem »Zufall« meines Entschlusses dankbar bin.

Antje Homrighausen
Ich bin mit meinen Großeltern zusammen in einem Haus aufgewachsen. Als sie krank wurden, habe ich sie mit meinen Eltern bis zu ihrem Tod gepflegt. Damals war ich 15. Diese Erfahrungen haben mich sehr geprägt und mir einen natürlichen Umgang mit dem Sterben ermöglicht. Die Initialzündung gab aber meine Freundin Regine. Kurz vor ihrem Tod, bat sie mich, auch andere sterbende Menschen zu besuchen und mit ihnen zu reden. Ich hatte sie

acht Monate begleitet, vom Tag der Diagnose bis sie starb. Es hat uns beiden sehr gut getan. Manchmal erzählen mir sterbende Menschen, was sie noch für Wünsche hatten. Dann überlege ich, ob ich selbst noch auf dem richtigen Weg bin.

Früher war ich in meinem Beruf nicht glücklich. Ich wollte etwas verändern. Der Plan: mit der Malerei meinen Lebensunterhalt verdienen. Seit 2007 arbeite ich nun freischaffend als Wand- und Illusionsmalerin. Dass ich auch Särge und Urnen bemale, kommt mir bei meinem Lebenslauf gar nicht so ungewöhnlich vor.

Katharina Kopetzky
Der Kinderhospiz- und Familiendienst suchte Begleiter für Kinder, bei denen ein Elternteil oder Geschwisterkind lebensbeendend erkrankt ist. Das könne z. B. beinhalten, ein Kind zum Schwimmbad zu bringen, damit es trotz aller Probleme am Kurs teilnehmen kann. Ich war Ergotherapeutin für Kinder, bin seit 2009 Rentnerin. Also bewarb ich mich. Wichtig war mir die qualifizierte Schulung und die Verpflichtung zur Teilnahme an Supervision.

Das Ehrenamt verschlingt mich nicht, es wird gebraucht, es gibt auch Kraft. Ich begreife, dass in dieser Extremsituation den Kindern eine enorme Energie abverlangt wird, ihren Alltag parallel zur seelischen Not, Trauer, Wut, sich vernachlässigt fühlen, zu meistern. Der Nachmittag mit der Malteserfrau kann ein positiver Fixpunkt sein und entstressen. Favoriten sind jegliche Aktivitäten unter freiem Himmel in der Natur! Gespräche über Krankheit oder Tod sind eher selten. Ich bekomme Einblick in ein Familienleben, geprägt von Krankheit und Sterben. Ich erfahre, dass jede Familie ihren ureigenen Weg geht. Kein Leid ist vergleichbar.

Anne Langendorf
Als junges Mädchen habe ich die Bücher von Elisabeth Kübler-Ross in die Hände bekommen und sie regelrecht verschlungen. Ich bin

der DDR aufgewachsen, wo Bücher solchen Inhalts verboten waren. Auf einem Kirchentreffen in Berlin, bei dem auch Christen aus der Bundesrepublik waren, lag dieses Buch auf einem Platz, und im Vorbeigehen fiel mir das Wort »Nahtoderfahrungen« ins Auge. Es zog mich magisch an, und ich durfte mir das Buch leihen. Dieser Moment war prägend für mein weiteres Leben.

Elisabeth Kübler-Ross war eine amerikanische Psychiaterin, die sich intensiv mit dem Umgang mit Sterbenden auseinandergesetzt hat. Deshalb spielt sie in der Hospizbewegung eine wichtige Rolle. Sie hat vor allem Kinder begleitet, und wenn diese von ihren Nahtoderfahrungen berichten, ist das sehr glaubhaft. Es hat mich unheimlich beeindruckt und mir die Angst vor der letzten Reise genommen.

2004 habe ich die Ausbildung zur Sterbebegleiterin absolviert. Seitdem versuche ich den Menschen, die ich begleite, den letzten Weg zu erleichtern und ihnen die Angst vor dem Sterben zu nehmen.

Dank

Ohne die Beiträge folgender ehrenamtlicher und hauptamtlicher Mitarbeiter/-innen des Malteser Hospizdienstes wäre das Buch nicht entstanden, es ist ein wunderbares, gemeinschaftliches Werk. Herzlichen Dank!

In alphabetischer Reihenfolge: Regina Ehm, Heidrun Frohse, Hans Hartmann, Antje Homrighausen, Carola Kallwass, Katharina Kopetzky, Kerstin Kurzke, Anne Langendorf, Sibylle Leu, Tamara Maier, Klaus Meißner, Ursel Mörke, Freya Ojeda, Elfi Oldenburg, Elisabeth Pyrlik-Schallopp, Christiane Rauschenbach, Annelies Riedel, Antje Rüger, Kerstin Schöne, Hannelore Stenzel, Christine Strache, Thea Weis.

Die Autorinnen

Claudia Johanna Bauer, geboren 1965, studierte Germanistik, Musikwissenschaften und Philosophie. Seit 2000 lebt sie in Berlin, wo sie als Dozentin für literarisches Schreiben tätig ist. Als freie Autorin befasst sie sich schwerpunktmäßig mit der Verarbeitung geschichtlicher Themen im Bereich der Oral History. Seit 2002 leitet sie das Projekt Erinnerungswerkstatt im Museum Reinickendorf.

Thea Weis, geboren 1953, begleitet im Ehrenamt beim Malteser Hospizdienst Menschen am Ende ihres Lebens und ist Initiatorin des Buches. Sie studierte Sozialwissenschaften und Psychologie, lebt seit Langem in Berlin und schreibt in unterschiedlichen Formaten für Firmen und Einzelpersonen. Unter ihrer Regie und inhaltlichen Beteiligung wurden Firmenpräsentationen, unternehmerische Selbstdarstellungen, Künstlerporträts, Chroniken, Ausstellungskataloge, Lebensgeschichten und Kiezerzählungen veröffentlicht.